图书在版编目（CIP）数据

恐龙世界 /（英）狄克逊，（英）马伦著；张路译.
—北京：科学普及出版社，2015.7（2016.10重印）
（DK 探索）
书名原文：Dinosaur
ISBN 978-7-110-09184-5

Ⅰ.恐…　Ⅱ.①狄…　②马…　③张…　Ⅲ.恐龙 -
普及读物　Ⅳ.① Q915.864-49

中国版本图书馆 CIP 数据核字（2015）第 150028 号

策划编辑：赵　晖　许　英　高立波
责任编辑：张　楠　许　英
责任校对：林　华
责任印制：张建农
法律顾问：宋润君

DK Penguin
Random
House

A Dorling Kindersley Book
www.dk.com

Original title:WEATHER
Copyright©2004 Dorling Kindersley Limited,London

著作权合同登记号：01-2009-0908

科学普及出版社出版
北京市海淀区中关村南大街16号
邮政编码：100081
电话：010-62103130　传真：010-62179148
http://www.cspbooks.com.cn
科学普及出版社发行部发行
北京华联印刷有限公司承印
开本：889 毫米×1194 毫米　1/16
印张：6　字数：200千字
2015年9月第一版　2016 年10月第三次印刷
定价：36.00元
ISBN 978-7-110-09184-5/Q · 196

DK探索

恐龙世界

(英)道格尔·狄克逊　约翰·马伦/著

张　路/译

朱志勇/审校

科学普及出版社

·北京·

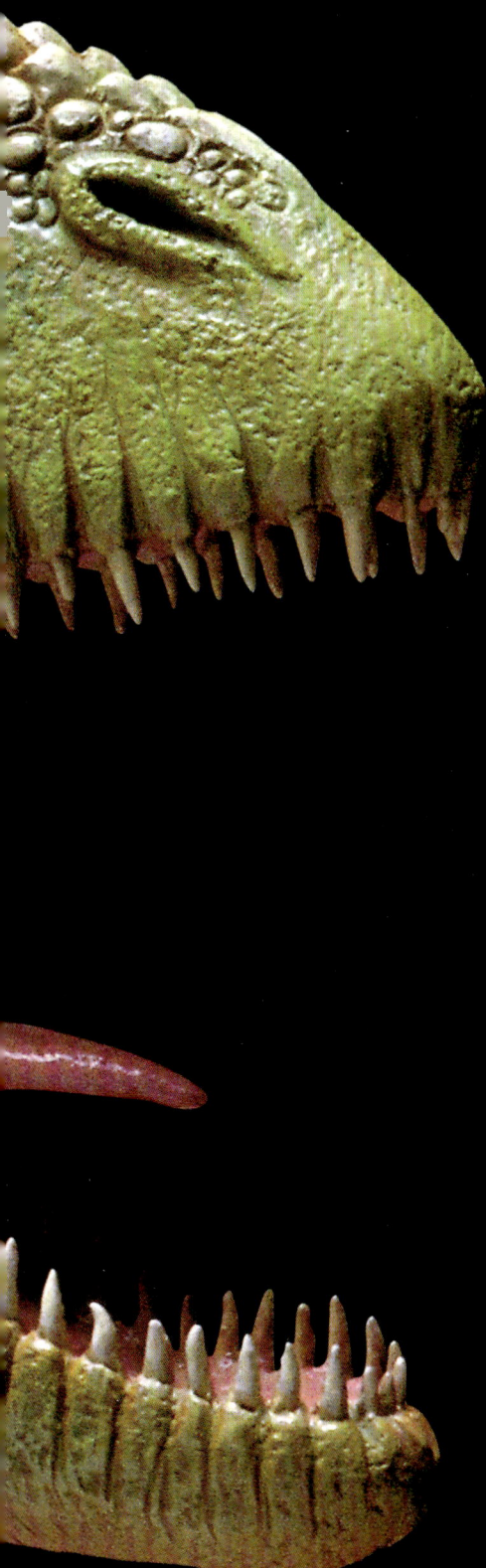

目　录

如何使用网站

《DK 探索——恐龙世界》有自己的网站，由 DK 和 Google 公司共同创建。当您阅读此书时，您不仅可以从书本中得到所需要的内容，并且可以使用书中提供的关键词在互联网中找到更多的信息。简单操作步骤如下。

http://www.dinosaur.dke-guides.com

1 进入网站地址……

Address : @ http://www.dinosaur.dke-guides.com

2 在书中查找英文关键词……

fossils

化石

3 输入英文关键词……

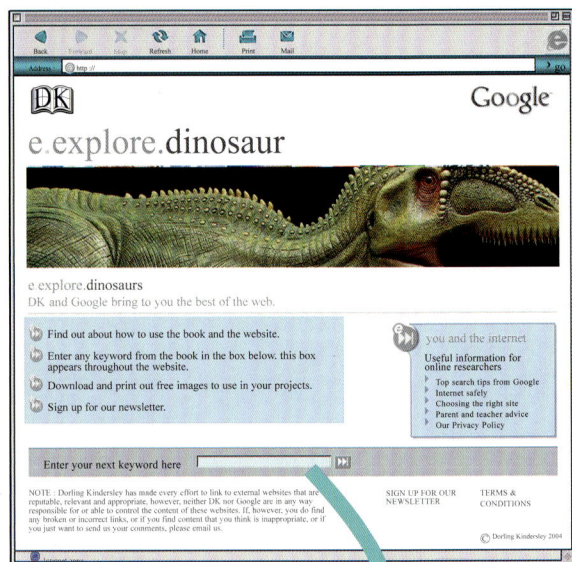

DK   Google

e.explore.dinosaur

e.explore.dinosaurs
DK and Google bring to you the best of the web.

- Find out about how to use the book and the website.
- Enter any keyword from the book in the box below. this box appears throughout the website.
- Download and print out free images to use in your projects.
- Sign up for our newsletter.

you and the internet
Useful information for online researchers
- Top search tips from Google
- Internet safety
- Choosing the right site
- Parent and teacher advice
- Our Privacy Policy

Enter your next keyword here

NOTE : Dorling Kindersley has made every effort to link to external websites that are reputable, relevant and appropriate, however, neither DK nor Google are in any way responsible for or able to control the content of these websites. If, however, you do find any broken or incorrect links, or if you find content that you think is inappropriate, or if you just want to send us your comments, please email us.

SIGN UP FOR OUR NEWSLETTER   TERMS & CONDITIONS

© Dorling Kindersley 2004

fossils

您只需使用书中提供的关键词，就可以在网站上找到 DK/Google 的相关链接。

网络安全须知

- 在得到成人允许后上网；
- 不要泄露关于自己的个人信息；
- 不要与网络中聊天的人见面；
- 如果某个网站让您用名字和邮箱注册，要先征得成人的允许；
- 不要给陌生人回信——如果收到陌生邮件，应该告诉成人。

致父母：

　　DK（Dorling Kindersley）公司会及时并定期地检查和升级链接内容，因此内容会经常发生改变。DK公司只对自己的网站负责，并不负责其他网站。我们建议孩子在成人监督下上网，并且不要进入聊天室，同时使用过滤软件阻止不合适的内容。

4

点击您所选择的链接……

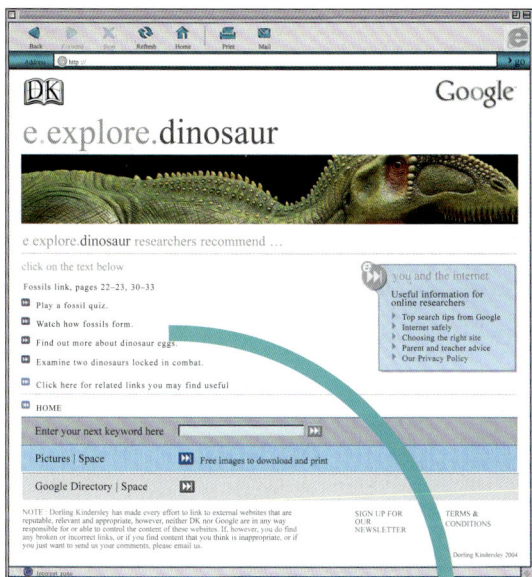

▶▶ Watch how fossils form.

　　链接包括动画、视频、音频、虚拟旅行、互动测验、数据库、时间表和实时报道等。

5

下载精美的图片……

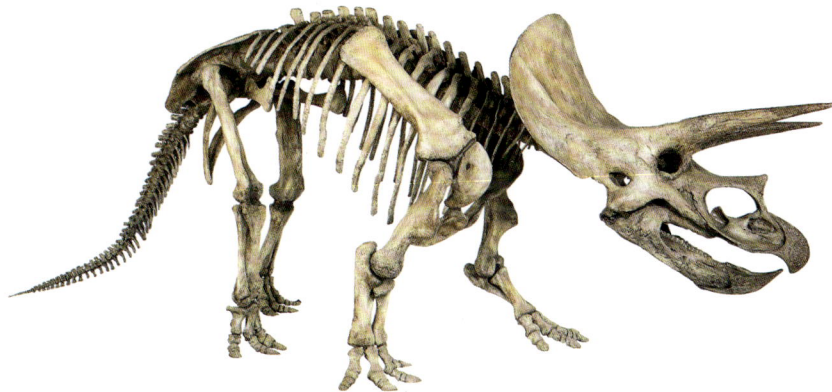

Pictures | Dinosaurs　▶▶

三角恐龙骨架

所有图片均为免费使用，但只供个人使用，不得用于商业用途。

返回本书，寻找下一个主题……

恐龙是什么？

在 19 世纪中期，首次出土了一些奇特生物的骨骼化石。这些骨骼属于一类史前的爬行动物——恐龙。恐龙的发现，激发了有史以来人们最丰富的想象力。恐龙，意思是"可怕的蜥蜴"，它们统治地球长达 1.6 亿多年，直至 6500 万年前灭绝。古生物学家、现代的恐龙研究者和其他的科学家已经发现了很多恐龙骨骼或骨骼碎片，而我们所知的一切关于恐龙的信息，都来自于对这些骨骼或骨骼碎片的研究。

▼南方巨兽龙

为了获得更多已发现的恐龙遗骸的信息，科学家们利用骨骼化石重建了恐龙，有时仅仅是根据少量的骨骼化石片断或一具头骨。南方巨兽龙的化石向科学家们披露了大量它们生活的信息。髋骨和后肢的结合方式说明它能够追逐猎物。爪脚和成排的牙齿告诉我们，一旦南方巨兽龙捕获了猎物，这种食肉动物会将猎物撕扯成块。

股骨头嵌入髋臼

髋骨

股骨

胫骨

棱齿龙 鸟臀目

似鸟龙 蜥臀目

暴龙后肢

髋骨和后肢使恐龙的脚能够灵活地来回移动

▲后肢骨

恐龙是一群爬行动物的始祖，这群爬行动物包括鳄、短吻鳄和翼龙。但是，大多数爬行动物的后肢从身体的两侧向外伸展，身体低于四肢。而恐龙的后肢更像哺乳动物的，它们是直立的，支撑着身体的重量。在股骨头处有一个球形栓向一边突出，并嵌入到腰带（髋骨）旁的凹槽中。凹槽上方的骨架防止了后肢的外突。

▲髋骨

根据恐龙腰带的构造特征不同，可分为两大类群：蜥臀目和鸟臀目。蜥臀目具有像现代蜥蜴一样的髋骨。三块髋骨从连接后肢的凹槽中辐射出来，呈三叉形，耻骨在肠骨下方向前延伸，坐骨则向后延伸。鸟臀目具有像现代鸟类一样的髋骨，肠骨前后都大大扩张，耻骨前侧有一个大的前耻骨突，伸在肠骨的下方，后侧延伸与坐骨平行伸向肠骨前下方。

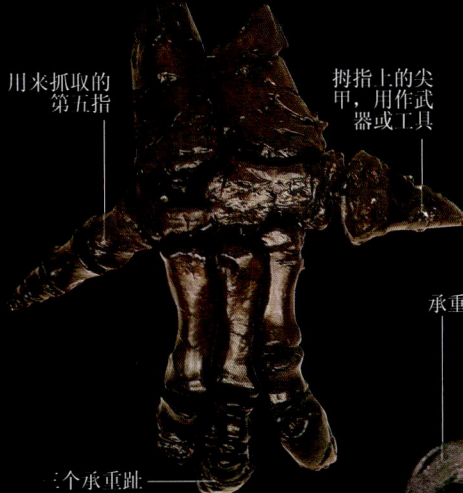

e ▶▶
dinosaurs

恐龙

轻巧但结实的头骨

前肢在这种食肉恐龙中短于后肢

鹦鹉嘴龙颅骨（鸟臀目）

齿列始于边缘　前齿骨

异特龙（蜥臀目）

鼻孔

眼窝　牙齿和颌缘

▲颅骨

恐龙颅骨框架通常呈开放式网格状。它们非常容易变成碎片并遗失，这也是恐龙颅骨稀少的原因。只有角龙有坚固的颅骨。蜥臀目和鸟臀目具有大致相同的颅骨构造。鸟臀目在下颌的前方有一块特别的骨头，称为前齿骨。这通常使它们具有鸟嘴一样的下颌。

前肢▶

不同种类的恐龙具有不同类型的前肢。肉食性恐龙，如重爪龙，其拇指上通常有长长的钩爪，用来猎杀或撕扯猎物。植食性恐龙，如禽龙，可能有过带钩爪的指，在它们用后肢站立时，用来抓握食物。它们有承重趾，用四肢行走。大型的长颈植食性恐龙，如梁龙，具有像后肢一样强壮的前肢，用来承受它巨大的体重。

用来抓取的第五指

弯曲的爪，用来割裂猎物

小爪，用于抓取

三个承重趾

重爪龙的爪

禽龙前足

梁龙前肢

拇指上的尖甲，用作武器或工具

承重趾

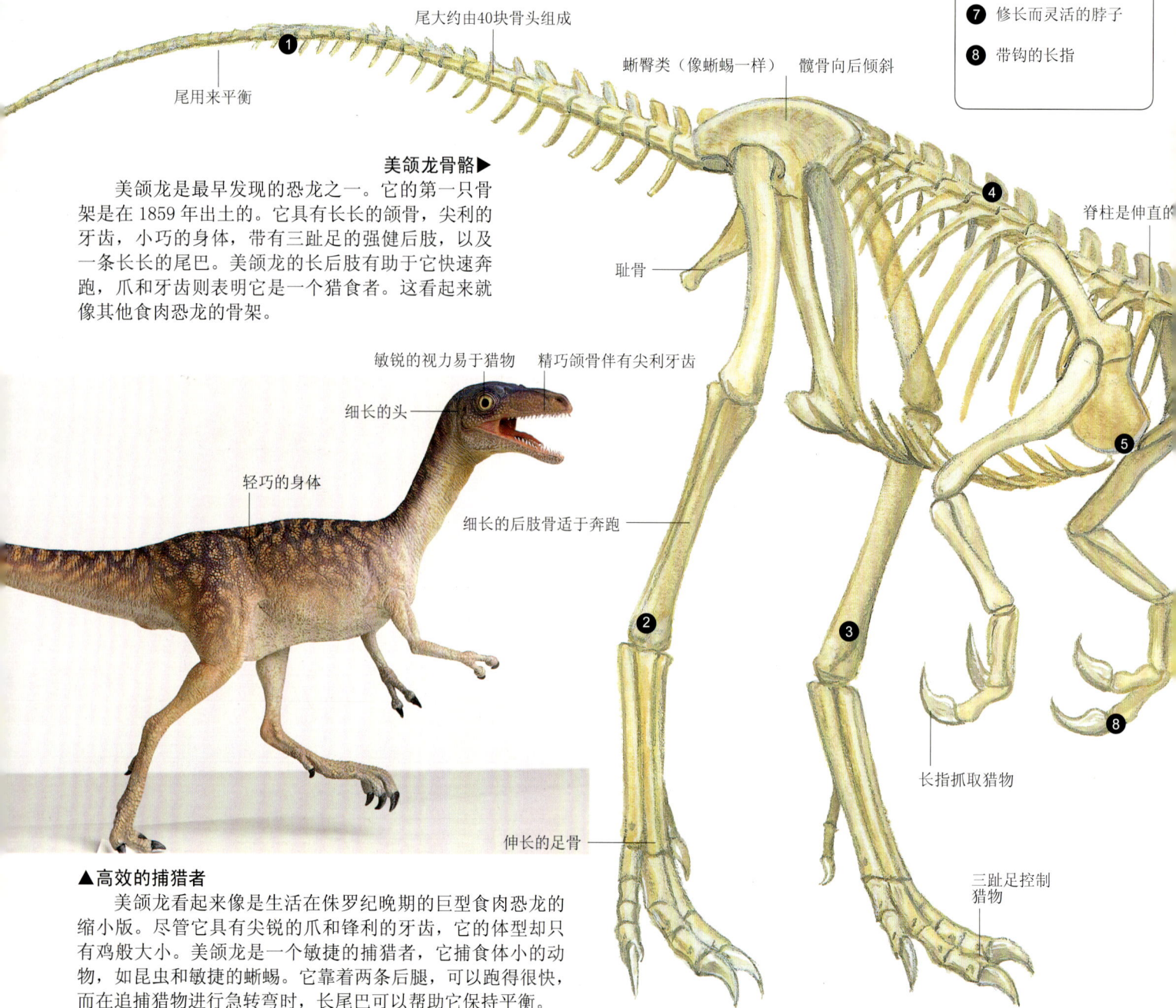

与鸟的关系

现在，天空中仍有飞翔的"恐龙"。尽管争论了一个多世纪，但现在大多数科学家相信小型食肉恐龙进化成了鸟类。羽毛的发生使能够奔跑或攀爬的恐龙转变为可以飞翔的鸟类。最早的真鸟是始祖鸟，它在侏罗纪晚期生活于如今德国的南部地区。一种叫做美颌龙的小型猎食恐龙也在同一时期生活在上述地区。始祖鸟看起来就像是一种爬行动物和鸟类的中间过渡态，它具有强健的后肢和用来飞翔的羽毛。美颌龙像鸟类，具有长后肢和中空骨。

美颌龙和始祖鸟的相似处
❶ 骨质的尾轴
❷ 踝关节
❸ 长后肢
❹ 短小的身体
❺ 扩展的胸骨
❻ 窄长颌中的牙齿
❼ 修长而灵活的脖子
❽ 带钩的长指

尾用来平衡

❶ 尾大约由40块骨头组成

蜥臀类（像蜥蜴一样）

髋骨向后倾斜

美颌龙骨骼▶

美颌龙是最早发现的恐龙之一。它的第一只骨架是在1859年出土的。它具有长长的颌骨，尖利的牙齿，小巧的身体，带有三趾足的强健后肢，以及一条长长的尾巴。美颌龙的长后肢有助于它快速奔跑，爪和牙齿则表明它是一个猎食者。这看起来就像其他食肉恐龙的骨架。

耻骨

脊柱是伸直的

敏锐的视力易于猎物

精巧颌骨伴有尖利牙齿

细长的头

轻巧的身体

细长的后肢骨适于奔跑

长指抓取猎物

伸长的足骨

三趾足控制猎物

▲高效的捕猎者

美颌龙看起来像是生活在侏罗纪晚期的巨型食肉恐龙的缩小版。尽管它具有尖锐的爪和锋利的牙齿，它的体型却只有鸡般大小。美颌龙是一个敏捷的捕猎者，它捕食体小的动物，如昆虫和敏捷的蜥蜴。它靠着两条后腿，可以跑得很快，而在追捕猎物进行急转弯时，长尾巴可以帮助它保持平衡。

e ▶▶
dinosaurs

顶端镶角的爪，在翼的前端用来抓住树枝

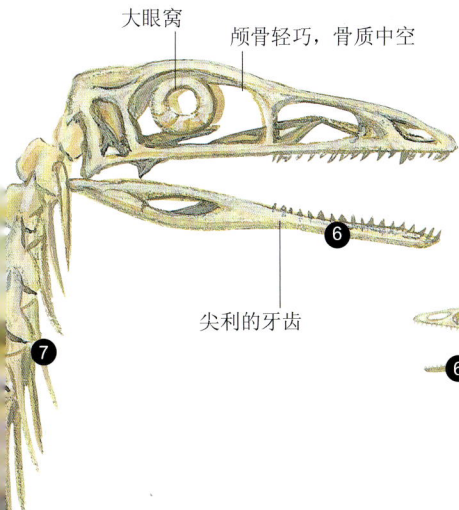

大眼窝

颅骨轻巧，骨质中空

尖利的牙齿

▲飞翔的恐龙

始祖鸟有翅膀，有像现代鸟类一样排列的羽毛，并且全身都覆盖有羽毛。另一方面，它有着恐龙似的头、手形爪和长的骨质尾。始祖鸟生活在热带荒岛上，它在岛上行走，拍翅捕捉飞行的昆虫猎物。它不能飞很远或很快，因为它没有强健的飞行肌。

大眼窝

轻巧的颅骨

尾由23块骨头组成，较美颌龙少

髋骨

始祖鸟骨骼

始祖鸟与美颌龙的骨骼十分相似。目前只有少量的始祖鸟骨骼被发现，其中有一具直到1987年才被鉴定。在此之前，它已在一家德国博物馆陈列了几十年，却一直被古生物学家们认为是美颌龙的骨骼。始祖鸟与美颌龙主要的区别在于是否有无叉骨和前肢的长短。

叉骨，像现代的鸟类

修长的后肢骨，类似美颌龙

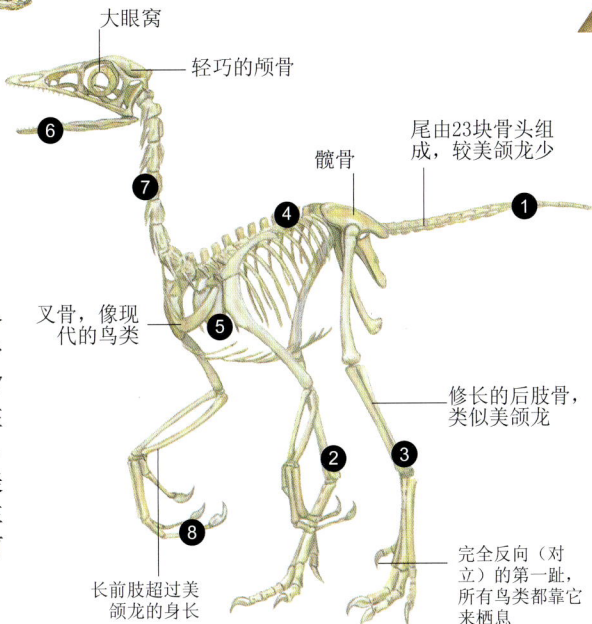

长前肢超过美颌龙的身长

完全反向（对立）的第一趾，所有鸟类都靠它来栖息

现代鸟类

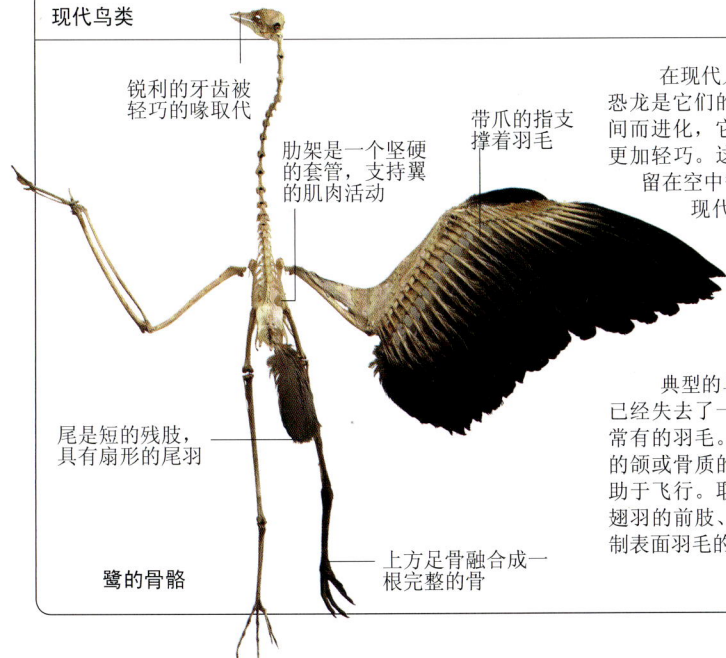

锐利的牙齿被轻巧的喙取代

肋架是一个坚硬的套管，支持翼的肌肉活动

带爪的指支撑着羽毛

苍鹭

在现代人看来，鸟类并不像恐龙，尽管恐龙是它们的祖先。鸟类的骨骼已经随着时间而进化，它比美颌龙或始祖鸟的骨骼都要更加轻巧。这意味着，相比之下现代鸟类停留在空中需要的能量要少得多。鹭是一种现代鸟类，它的外形可能是最接近美颌龙和始祖鸟的。

尾是短的残肢，具有扇形的尾羽

典型的鸟类，比如这种鹭鸟，已经失去了一些美颌龙和始祖鸟通常有的羽毛。它没有手形爪、带齿的颌或骨质的尾，因为这些器官无助于飞行。取代它们的分别是只有翅羽的前肢、轻巧的角质喙和由控制表面羽毛的肌肉残肢组成的尾。

鹭的骨骼

上方足骨融合成一根完整的骨

恐龙时代

中生代时期，恐龙在这个星球上生活了大约1.65亿年。我们很难想象这段时期有多么漫长，那就拿它和我们自身做一个比较：人类至今在地球上生活500万至600万年。在中生代时期，地球大陆发生了巨大的变化，新的海洋形成，植物和动物也发生了演化。

前寒武纪		46亿～5.45亿年前	
古生代（远古生命）	寒武纪	5.45亿～4.9亿年前	
	奥陶纪	4.9亿～4.45亿年前	
	志留纪	4.45亿～4.15亿年前	
	泥盆纪	4.15亿～3.55亿年前	
	石炭纪	3.55亿～2.9亿年前	
	二叠纪	2.9亿～2.5亿年前	
中生代（中古生命）	三叠纪	2.5亿～2亿年前	恐龙
	侏罗纪	2亿～1.45亿年前	
	白垩纪	1.45亿～6500万年前	
新生代（近代生命）	第三纪	6500万～164万年前	
	第四纪	164万年前至今	

▲ 地质学时标

地质学家将地球漫长的历史分为一系列的时间区带，从大约46亿年前地球的起源直至我们生活的今天。主要的时间划分区带称为代。这些代又被划分为较小的时间区带——纪。在每一纪中有更小的时间区带，称为世（图表中未显示）。恐龙生活在中生代，这一时期被划分为三叠纪、侏罗纪和白垩纪。我们人类生活在新生代的第四纪。

Mesozoic Era

中生代

三叠纪：2.5亿～2亿年前

盘古大陆　古地中海

三叠纪的地球

在三叠纪，所有的陆地连接在一起，形成一个广阔的大陆。科学家们把这个超级大陆称作盘古大陆，意思是"整个地球"。

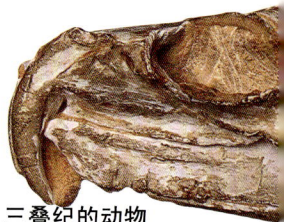

喙头龙化石

三叠纪的动物

最早的恐龙出现在三叠纪早期，这一时期，也有其他的爬行动物生活着，如植食性的喙头龙。鱼和海龟畅游在海底，翼龙在空中拍打着它们强韧的翅膀，最早的哺乳动物也在此时出现了。

侏罗纪：2亿～1.45亿年前

劳亚古大陆　劳亚古大陆　劳亚古大陆　古地中海　冈瓦纳古陆

侏罗纪的地球

在侏罗纪，盘古大陆被海洋分离成北大陆和南大陆。之后，这两块南北古陆继续移动，分离得更远。

鲨的化石

侏罗纪的动物

恐龙在陆地上繁衍，从大型的植食性恐龙到小型的肉食性恐龙，各形各类。翼龙统治着天空，同时，最早的鸟类出现了。海洋中生活着鱼龙和鲨。

白垩纪：1.45亿～6500万年前

欧洲　亚洲　北美洲　西非　古地中海　非洲　印度　南美洲　南极洲

白垩纪的地球

在白垩纪，劳亚古大陆和冈瓦纳古陆崩解成几个部分，并开始形成我们今天所熟知的各个大陆。

蜻蜓的化石

蕨类植物　　　　　　　银杏化石

石化的叶子与现在的叶子外观相似

三叠纪的植物

　　蕨类、银杏、掌形拟苏铁类植物及苏铁植物生长在溪边。松柏类的树林散布在较干燥的土地上。那时没有草，也没有开花植物。内陆地区是炎热而贫瘠的荒漠，只有极少的植物，甚至没有植物生长。

侏罗纪的植物

　　松柏类森林覆盖着广袤的土地。银杏、智利南美杉、苏铁、高大的椤和巨型木贼都已成为常见的物种。蕨类和苔藓贴近地面生长。但是，这时仍旧没有开花植物或草。

保存完好的松柏叶子化石

木贼　　　　松柏枝化石　　　　智利南美杉

白垩纪的动物

　　凶猛的肉食性恐龙捕食和搜寻肉类。植食性恐龙长出体甲来保护自己。鳄、龟和蜥蜴繁盛兴旺，最早的蛇也出现在这一时期。昆虫、鸟类和翼龙飞翔在天空中。地面上奔跑着小型的哺乳动物。

球果产生最早的种子

铁矿石结核中的拟桦叶子

白垩纪的植物

　　开花植物在这一时期出现了，它是现在草本植物、花和阔叶树的祖先，并逐渐成为这一时期陆地植物的主要类型。栎树、枫树、胡桃、玉兰类植物和山毛榉依傍着依然繁茂的松柏、铁树和椤生长。此时却依然没有出现草类。

有球果的松枝

木兰花

西番莲

翱翔空中

　　高高翱翔于陆生恐龙上方的是翼龙。翼龙，意思是"有翅膀的爬行动物"。翼龙是恐龙近亲，但它并不是恐龙。所有的翼龙都具有细长而中空的骨和由长指骨与后肢之间皮肤延伸所形成的翼。它最早与恐龙在同一时期出现，并与之相伴而生，直到它们也在白垩纪结束的时候灭绝。翼龙展翅飞越陆地与海洋，是地球史前天空中至高无上的统治者。

皮毛 可能覆盖于它们的身体

喙 具有许多细小的牙齿

翼手龙▶

　　翼手龙是敏捷的飞行者，它很可能以昆虫为食。一般翼龙具有长长的尾，而翼手龙却不同，它的尾尖、短小。翼手龙仅有30厘米长，骨骼轻巧，骨细且中空。也许这些减轻体重的结构特征能使它更好地控制飞行，这些特征使翼手龙飞行得更快，并使之具有飞扑和灵活转弯的能力。

后肢 短小，可能有软弱的肌肉

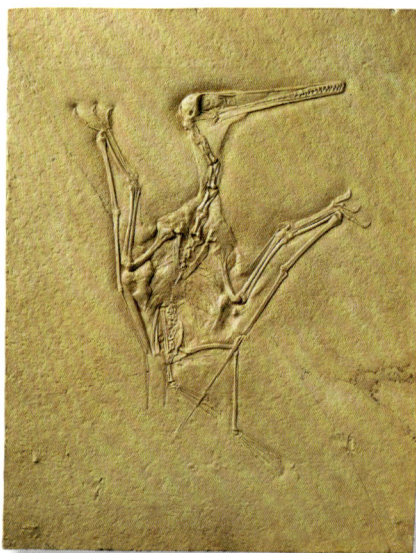

▲翼手龙化石的特征

　　这块埋在石灰岩中的骨骼化石向我们展示了翼手龙精巧的头骨和完好的骨骼。翼手龙的四指清晰可见。每只前爪中有三指短小并呈钩状，有可能是用来防御的。从这块化石我们可以看到，第四指从右侧前爪沿右侧后肢对角地延伸。翼手龙的翼连接着每侧巨长的第四指和后肢。

翼手龙

翼手龙属于翼龙类中的翼手龙亚目。这些翼手龙都具有短尾。
生活时间： 1.4亿年前（白垩纪）
栖息地： 河流、海洋、湖泊
翼展： 最长1.8米
身长： 最长30厘米
食物： 鱼、昆虫

纤维组织 在皮肤形成的翼的内侧，使之坚硬

华丽的头部

　　某些种类的翼龙在它们的头部或喙部突起生成冠。这些冠是由坚硬的骨或软组织形成的。目前，我们并不知道冠生长于雄性个体还是雌性个体，抑或二者均有？它们的功能也尚未得知。因为不同种类翼龙间冠的形状、大小，甚至颜色都不同，所以，冠可能有助于翼龙识别它们自己的同类。华丽的冠亦有可能在求偶时用来炫耀自己，或作为飞行中的稳定器。

脊颌翼龙

古魔翼龙

准噶尔翼龙

无齿翼龙

喙嘴龙

喙嘴龙属于翼龙家族里的一个分支。这些翼龙都具有长尾。

生活时间：1.5亿年前（侏罗纪）

栖息地：河流、海洋、湖泊

翼展：最长2米

身长：最长1米

食物：鱼、昆虫

▲喙嘴龙化石的特征

这个保存在石灰岩中的喙嘴龙化石是在德国发现的。这块化石保存得相当完好，翼上薄膜的轮廓以及沿着尾部生长的菱形皮肤薄膜都可以看到。这块化石同时也向我们揭示了喙嘴龙具有类似鹈鹕一样的喉囊，这个喉囊可能是喙嘴龙在吞食捕获的猎物时，用来滤出多余的水的。

◀喙嘴龙

喙嘴龙是一种庞大的翼龙。它飞行的时候，身后拖曳着长长的尾。它捕食鱼类，可能通过从高处猛然俯冲到水面并用喙猛咬住猎物的方式捕食。喙部前端长前齿向前倾斜，如"捕鱼爪"一样排列，用来叉刺和衔住捕获的鱼。捕获一条鱼后，喙嘴龙可能会先返回陆地，再享用它的美食。它从猎物头部开始进食，这与现在许多海鸟进食的过程是一样的。

Pterosaurs

翼龙

翼的皮肤 连接着
且长的第四指

尾 因骨质柱而僵硬

前倾的牙齿 利于
捕捉鱼类

鹈鹕——现代鱼类捕食者

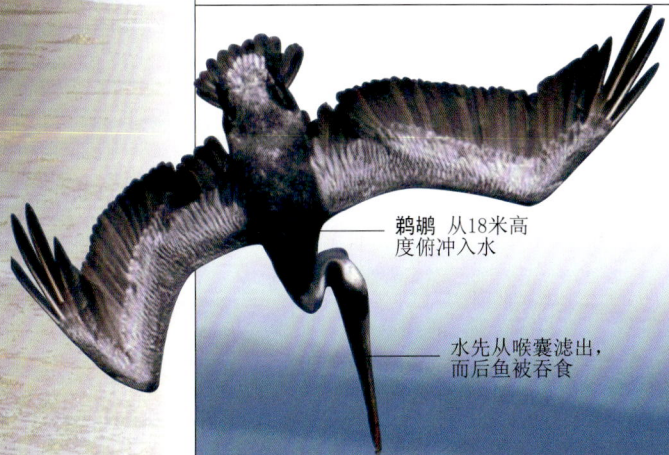

鹈鹕 从18米高
度俯冲入水

水先从喉囊滤出，
而后鱼被吞食

通过研究现在很多与翼龙有着类似特性的动物，我们可以了解很多有关翼龙的生活方式。尽管翼龙不是鸟类，但是它们捕食鱼类的习性可以与现在的鹈鹕相对照。许多翼龙具有长而窄的头部和类似于现在鹈鹕一样的喉囊。也许，像鹈鹕一样，这些翼龙俯冲入水，在水下用它们的喙戳刺鱼类而捕食。

畅游海底

在恐龙统治陆地的同时，海洋成为许多不同种海洋爬行动物的领地，如幻龙、鱼龙、上龙、沧龙和薄板龙。它们是肉食动物，捕食其他海洋生物 或相互猎食。尽管这些爬行动物终生都生活在水中。但是，它们也不能长时间地待在水下。它们需要呼吸空气，每隔一段时间需要浮出水面，吸入足够的新鲜空气进入肺部，然后离开水面，返回到它们的水底世界。

marine reptiles

海洋爬行动物

鳍肢 细长，用于在水中滑动

▲蛇颈
蛇颈薄板龙是长颈薄板龙家族的一员。这种巨型海洋生物的颈部有72节颈椎，有一个长着奇特的互错牙齿的小脑袋。薄板龙这个名字的意思是"板状蜥蜴"，也是指覆盖于胸部并形成前肢窝的巨大、板状肩胛骨。支配鳍肢的巨大肌肉固定在这些骨头上。

尾端尖

指和趾已成蹼

有尖牙的食肉动物▶
幻龙属于幻龙科，是小型两栖类食肉动物。它有长而灵活的脖颈，从颌骨到两颊布满了尖利的牙齿。幻龙摆动着它们强有力的前肢进行游水，而后肢用来掌舵。幻龙的化石标本在欧洲和近东的海底岩石中都有发现，这些化石告诉我们幻龙是以水栖为主的动物，但是，它们可能到陆地上产卵繁殖。

鱼龙
科：鱼龙科
生活时间：2.06亿～1.4亿年前（侏罗纪）
栖息地：海洋
身长：可达2米
体重：可达90千克
食物：鱼、乌贼

皮肤 光滑、无鳞

鼻孔 靠近眼睛

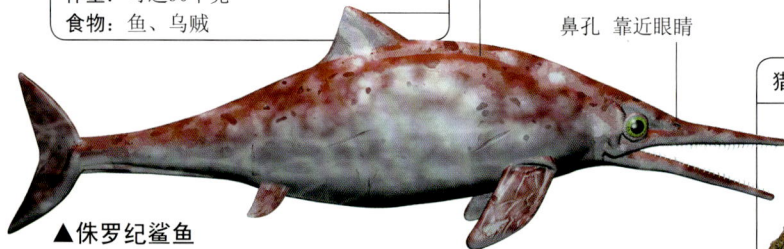

猎食者的眼睛

巨大的眼睛与颅骨大小不成比例

图中所示的是鱼龙颅骨化石，从此图可以看出鱼龙具有非常大的眼窝，包围在被称为巩膜环的骨板之中。巩膜环有助于支撑鱼龙巨大的眼球。这样的大眼睛说明，鱼龙依赖于它们的视力进行捕食。它们的视力非常好，可以在晚上，光线暗淡的水中或深海中进行捕猎。

▲侏罗纪鲨鱼
与鱼龙家族其他成员一样，鱼龙有着类似于鲨鱼的体型。在英国和德国发现的鱼龙化石显示，这种海洋爬行动物具有一片三角形的背鳍、两对鳍肢和一条像鲨鱼一样的叉状竖直的尾。在一些化石中甚至还保存有色素细胞。这表明，鱼龙的皮肤是深红棕色的。

尾 作为长头龙在水下活动的方向舵

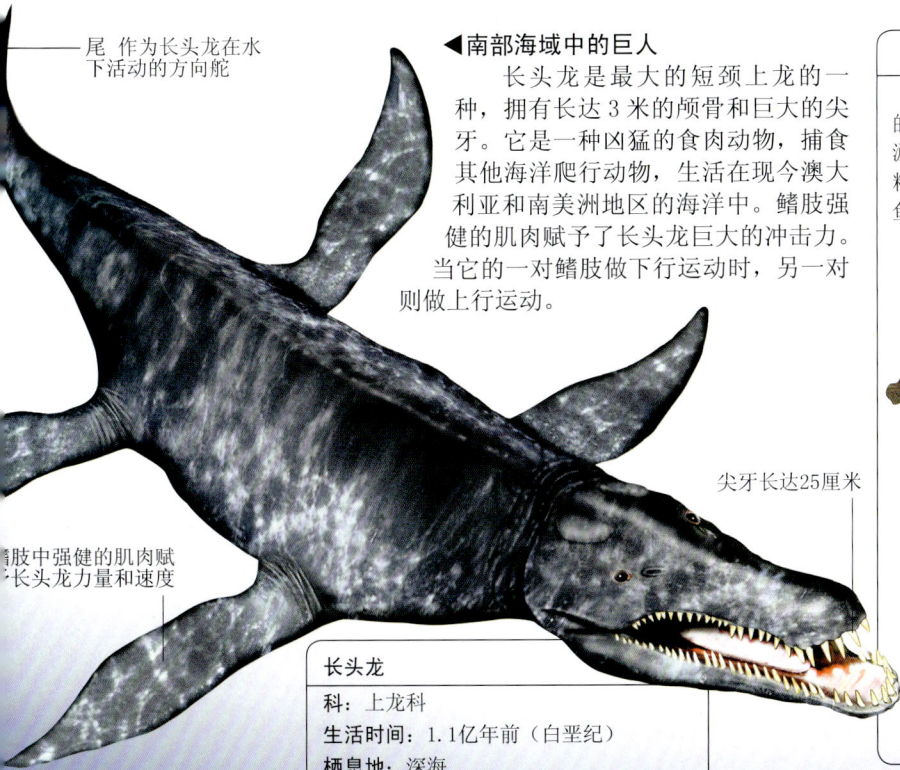

◄南部海域中的巨人

长头龙是最大的短颈上龙的一种，拥有长达3米的颅骨和巨大的尖牙。它是一种凶猛的食肉动物，捕食其他海洋爬行动物，生活在现今澳大利亚和南美洲地区的海洋中。鳍肢强健的肌肉赋予了长头龙巨大的冲击力。当它的一对鳍肢做下行运动时，另一对则做上行运动。

尖牙长达25厘米

鳍肢中强健的肌肉赋予长头龙力量和速度

嗅觉

从下图（上龙的颅骨）我们可以看到上龙吻部外侧的鼻孔。这种动物在硬腭处也有两个内在的鼻孔。在它游水时，水经过它的嘴，流入内部鼻孔，在这里气味颗粒被捕获到。之后，水又经外部鼻孔流出。像现在的鲨鱼一样，上龙可以通过嗅出水的味道来锁定猎物。

水从鼻孔流出颅骨

水进入口中

上龙颅骨俯视图

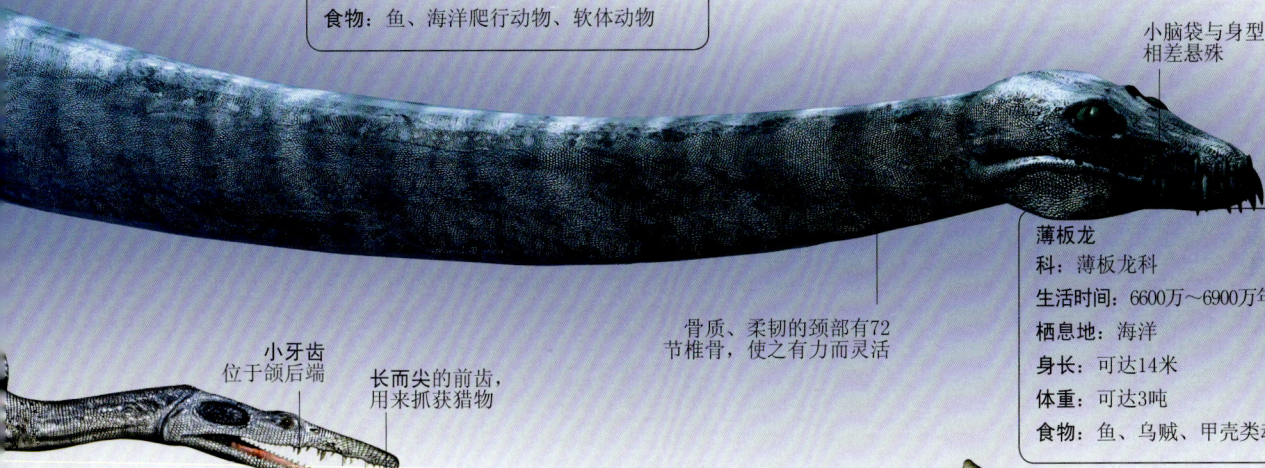

长头龙
科：上龙科
生活时间：1.1亿年前（白垩纪）
栖息地：深海
身长：可达10米
体重：可达7吨
食物：鱼、海洋爬行动物、软体动物

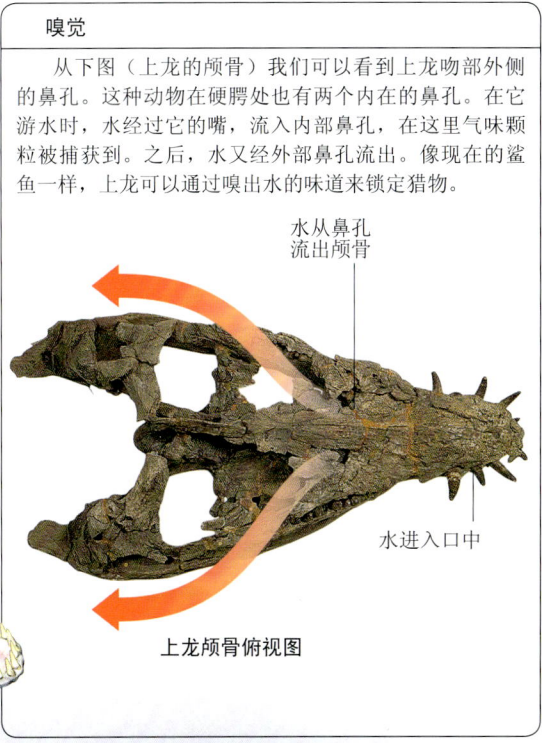

小脑袋与身型相差悬殊

骨质、柔韧的颈部有72节椎骨，使之有力而灵活

薄板龙
科：薄板龙科
生活时间：6600万～6900万年前（白垩纪）
栖息地：海洋
身长：可达14米
体重：可达3吨
食物：鱼、乌贼、甲壳类动物

小牙齿 位于颌后端

长而尖的前齿，用来抓获猎物

幻龙
科：幻龙科
生活时间：2.4亿～2.25亿年前（三叠纪）
栖息地：海岸区域
身长：可达3米
体重：可达80千克
食物：鱼、虾

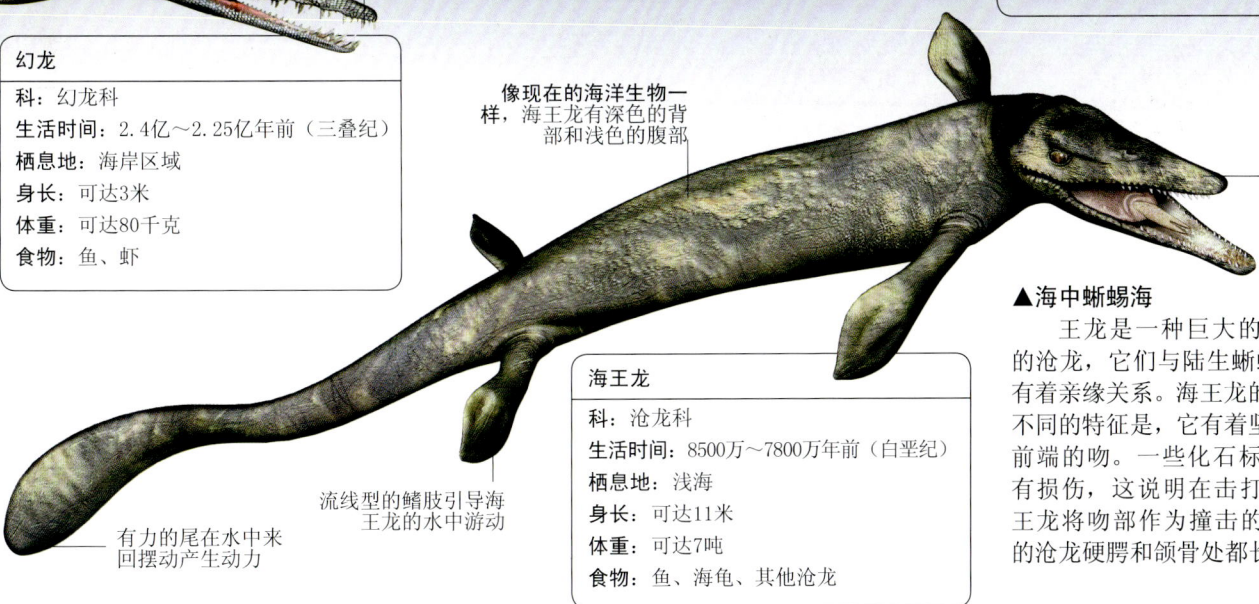

像现在的海洋生物一样，海王龙有深色的背部和浅色的腹部

骨质前端的长吻

▲海中蜥蜴海

王龙是一种巨大的有着长颅骨的沧龙，它们与陆生蜥蜴（如毒蜥）有着亲缘关系。海王龙的一个最与众不同的特征是，它有着坚硬的、骨质前端的吻。一些化石标本中的吻部有损伤，这说明在击打猎物时，海王龙将吻部作为撞击的武器。所有的沧龙硬腭和颌骨处都长满利齿。

流线型的鳍肢引导海王龙的水中游动

海王龙
科：沧龙科
生活时间：8500万～7800万年前（白垩纪）
栖息地：浅海
身长：可达11米
体重：可达7吨
食物：鱼、海龟、其他沧龙

有力的尾在水中来回摆动产生动力

恐龙栖息地

并不是所有的恐龙都生活在同一时期，也并非所有的恐龙都生活在地球的同一个地方。在 1.8 亿年前，超级盘古大陆的分裂和之后气候的明显改变，产生了许多不同的恐龙栖息地。大陆漂移使洋流的流动发生变化，进而改变了全球的气候，同时，也决定了地球上哪些地方会被冰雪覆盖。各种恐龙不断进化以适应各种不同的环境。比如，生活在三叠纪干燥的超级大陆上的恐龙完全不同于那些生活在白垩纪分散大陆上的恐龙。

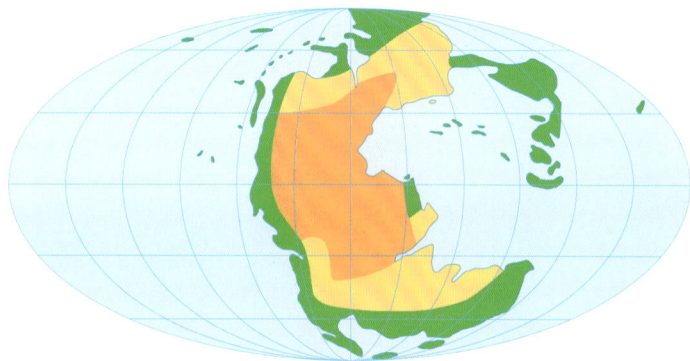

habitats

栖息地

图例
- 荒漠
- 半荒漠
- 温带森林

▲三叠纪栖息地（2.5 亿～ 2 亿年前）

在三叠纪时期，地球上所有的陆地都连接在一起，形成一个超级大陆——盘古大陆。因为这个大陆太大，所以，大多数内陆地区都远离海洋，形成大面积的荒漠。只有在大陆的边缘地区，才有足够的水分让植物生长。这时恐龙刚刚出现，并生活在地球的各个地方。

图例
- 荒漠和半荒漠
- 温带森林
- 热带森林

▲侏罗纪栖息地（2 亿～ 1.45 亿年前）

到侏罗纪时期，盘古大陆开始分裂。裂谷使得海水能够到达大陆的深处，这非常类似于现在埃及的红海。浅海淹没了低洼地，到达了之前的荒漠地区，这对大多数地区的气候起调节作用。在侏罗纪，出现了比三叠纪更多的植被，尽管这些植物都是同种类型的。

埃雷拉龙

板龙

剑龙

马门溪龙

▲河岸

近海河流岸边的植物和动物都基本相同。河岸被蕨类植物覆盖，浅水滋养着木贼丛。早期的食肉恐龙，如埃雷拉龙，在这些植物丛中猎食。

▲灌木丛地

在半荒漠地区生长着矮小的植物，它们能够忍耐水分不足的环境。这些地方看起来极其类似于如今的非洲南部。这些耐旱植物被早期的食草动物所啃食，如原蜥脚类恐龙——板龙。

▲河边森林

在三叠纪时期，大部分被植被覆盖的地方都在河岸地区。季节性降雨促使椤和银杏树林的产生，同时还有蕨和木贼生长的林下灌草层。这些为剑龙等食草动物提供了丰盛的食物。

▲茂密的松柏森林

这些森林是由原始的松柏类植物构成，例如，智利南美杉、柏树和罗汉松（现在很稀少），还有苏铁类植物的近亲。这些植物进化出强韧的针状叶以防御被马门溪龙等蜥脚类恐龙大量啃食。

▲ 混合林
　　到白垩纪时期，有花植物开始进化。像冠龙一类的恐龙，具有了高效的咀嚼机制，不仅能够啃食树木，也能够啃食贴近地面生长的青草。这促使了种子植物的进化以适应这样的环境。

冠龙

图例
■ 荒漠和半荒漠
■ 温带森林
■ 热带森林

▲ 白垩纪栖息地（1.45 亿～ 6500 万年前）
　　到白垩纪时期，大陆已经分裂成几部分，许多看起来如今天的大陆。这些不同陆地的出现意味着气候的差异更大。各个大陆上生活的动物各不相同，每个动物群体都在独立进化，例如，北美洲的恐龙就不同于南美洲的恐龙。

棘龙

▲ 沼泽地
　　沼泽地和河流三角洲是化石保存的理想地方。潮湿的沼泽地位于白垩纪大陆的边缘地区。喜湿类树木，如沼泽柏树，占据着这些地方。它们为猎食鱼类的恐龙，如棘龙，提供了良好的栖息地。

埃德蒙顿甲龙

▲ 山地
　　对于山区栖息地的植被我们知之甚少，因为大多数化石来自低洼地区。但是，有甲类恐龙，如埃德蒙顿甲龙的骨头已经被发现，它们看起来是从山上冲刷下来的。

似鸡龙

▲ 荒漠平原
　　荒漠生活着一些特有的动物种类。尽管在荒漠中食物很少，但是在白垩纪荒漠砂岩中生活着数目巨大的不同种类的恐龙。开阔的荒漠是似鸡龙这种长腿擅跑恐龙的理想栖息地。

恐龙的灭绝

大约6500万年前，在白垩纪的末期，地球的环境发生了巨大的变化。地球上的动物和植物都处于灭绝的危险之中。可能仅仅是这些变化中的某一项影响了地球上的生物，也可能是某些变化共同作用产生了这样的结果。然而，不论是哪种情况，有一件事是确定的，那就是恐龙在这时灭绝了。现在有许多理论在解释恐龙是如何灭绝的。

陨石碰撞▶

在20世纪90年代，科学工作者在墨西哥尤卡坦半岛的海床地层中发现了一个直径达180千米的陨石坑，经过分析，它大约形成于白垩纪晚期。产生这个奇克鲁伯陨石坑的巨石的直径应有10千米长。撞击产生了大量的灰尘，阳光被遮挡，地球变得阴暗，从而导致大量生物的灭绝。

墨西哥海湾

太平洋

来自太空的袭击导致灭亡？▶

地球不断地遭受着来自太空的岩屑的轰击，有粉尘微粒，也有岩块。它们中的大多数在穿过地球大气层时燃烧耗尽，但是，也有一些因为体积太大而没有耗尽，留了下来。在地球表面着陆的这些来自太空的岩石被称为陨石。巨大的陨石撞击地球，真的能够引起巨大的破坏，进而导致恐龙的灭亡么？

其他的恐龙灭绝理论

火山导致灭亡？

到白垩纪末期，在现代的印度中部地区有许多火山喷发。火山喷发使得大量的粉尘被吹入地球的大气层，大风又将它们带到地球的各个地方。与陨石撞击理论相同，火山喷发理论也认为大气中的粉尘吸收了太阳光，使地球处于寒冷与阴暗中。没有了阳光，植物不能生长；没有了食物，动物因饥饿而死亡。

巨浪导致灭亡？

如果巨大的陨石冲入海底，它会引起海啸——巨大的海浪。假如它已然在地球上爆发，将产生一个足够强大冲击波，从而引发地震和海底塌方，这会引起大浪潮。海浪将以极快的速度冲刷地球上的陆地。只用几个小时，海浪就可以冲过低处的陆地，毁坏栖息地，毁灭地球上的植物和动物。

气候骤变导致灭亡？

火山喷发不仅将大量粉尘吹入大气，同时，也产生了二氧化碳——一种能够引起地球变暖的毒性气体。这一灭亡理论认为二氧化碳水平的升高引起了叫做"温室效应"的气候变化。二氧化碳能够阻止太阳的热量返回太空，所以，地球的气候变得越来越热。水大量蒸发。植物干枯并死亡。动物失去了食物来源，也慢慢死去。

撞击理论：寻找证据

我们有证据证明奇克鲁伯陨石坑的存在，但是难以将它与恐龙的灭绝联系起来。陨石坑存在的第一个证据来自20世纪60年代Petrobas公司钻探产生的地上凿洞。Petrobas是一家墨西哥石油公司，当时正在墨西哥海湾开采石油。地质学者们注意到了他们所钻凿的岩石的磁性变化，并认为他们发现了火山岩。在20世纪80年代，Luis Alvarez博士声称，一块陨石能够触发恐龙的灭亡，于是人们开始寻找陨石坑。之后，在1990年，地质学者们重新检查了Petrobas凿洞的记录，他们意识到这是一个被埋藏了的陨石坑。注意力马上被聚焦到了奇克鲁伯陨石坑，因为它大约在6500万年前形成，那时，正是恐龙灭绝的时间。

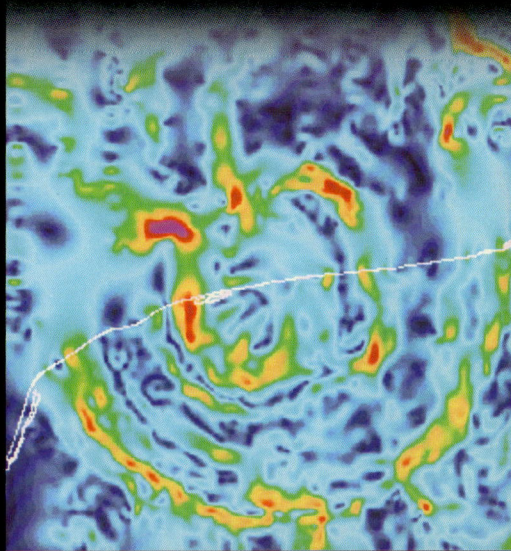

奇克鲁伯陨石坑成像

奇克鲁伯陨石坑部分位于墨西哥海湾之下，部分位于陆地上。在这张重力图中，白线代表墨西哥海岸线，其上部分为海洋。尽管陨石坑的一半位于陆地上，但是我们用肉眼很难看到，因为它被覆盖在沉积层之下。但是，当其所在区域磁场变化被绘制出来后，它的环形轮廓则清晰可见。

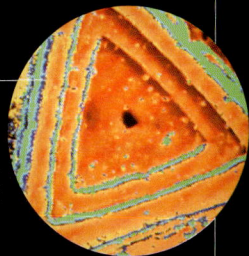

地球古代黏土中发现的太空矿物的放大图片

原点显示富含铱的黏土层厚度

致使恐龙灭绝产生的地层

图中黑色条带代表富含铱的黏土层。铱是一种在陨石坑中发现的矿物质，它被认为是在陨石撞击已经发生，大量灰尘抛入空中之后，存于陨石坑中。这条带在全球范围内都存在，并形成于6500万年前——正是恐龙灭亡的时间。它的存在将含有恐龙化石的岩石与没有恐龙化石的岩石连接在了一起。

成为化石

大多数化石的年龄都在 1 万年以上，有许多可追溯到地球生命的起始时代。当动物或植物残骸被埋葬了上百万年，化石就形成了。在这一段时间里，这些残骸外部环境中的矿物质逐渐代替其中的有机质。这些变化发生得相当缓慢，所以，这些残骸保留着它们最初的形态。大多数恐龙骨骼是在荒漠砂岩中发现的，它们是被沙暴埋在地下或被河沙和河泥快速埋在河床中。

fossils
化石

侏罗纪锥叶蕨
碳化的（变为煤）叶子

❶ 河谷中的死亡

在三叠纪晚期的一天，一只叫做腔骨龙的跑得很快的食肉恐龙在美国亚利桑那州的一条河边倒下并死去。它可能死于疾病或衰老，也可能是受到了一只大型食肉恐龙的袭击，这些我们都已无从得知。但是，在 2.2 亿年后，它的残骸被古生物学家发掘出来。一具完整的恐龙骨骼只能作为化石而保存下来，这也需要在它的尸体没有被食腐动物撕碎前迅速被掩埋才能实现。

❷ 沉积物的掩埋

这只腔骨龙被河泥和河沙掩埋。被掩埋之后，新鲜和柔软的器官腐烂掉，并被沉积物中渗出的水冲走。纵使这具骨骼被迅速地掩埋在河床中，沉积砂石的移动也能将它打散，并将骨头移了位。这条河的河水带来越来越多的沉积物，慢慢地将骨骼在沙泥层里埋藏得越来越深。

◀木化石

地下水携带二氧化硅一类的矿物质取代骨或木头的有机质。经过这样的石化过程，一个非常精细的化石就形成了。经过上百万年，骨或木头的细胞被一个分子一个分子地取代，最后形成化石。尽管这样的化石由二氧化硅构成，但是，它仍然保存着最初的细胞结构，这为科学家对其进行细节研究提供了帮助。

琥珀

▲蕨类化石

一些化石中含有一些最初的有机质。被压在页岩或泥岩岩层的叶子经常腐烂得比较缓慢。它们由碳、氢和氧构成。氢和氧散失到空气中，而余下碳以薄膜的形式留在岩石上。这些膜通常都保留着原来叶子的形状。像这样已成为化石的植物成分累积成厚厚的层面，就形成了煤矿层。

装饰为宝石的蜘蛛▲

有时候，蜘蛛或其他一些小生物能够被完好如初地保存下来，尽管这样的标本十分稀少。蜘蛛被困在古老的柏树树干分泌的黏性树脂中。它完全浸没在树脂中，接触不到细菌，因而没有腐败。这棵柏树被埋在地下并形成化石，树脂也变成了矿物琥珀。被困其中的生物就这样被完整地保存了下来。

化石模型 ▲

菊石贝
壳腔模型

有时候，化石会因周围岩石的影响而完全被腐蚀掉。这样，在岩石中留下一个与化石形状一致的空洞，称为模子。如果这个空洞后来被矿物质填充，会在原来化石所在处形成一个块状填充物，称为模型。当一个有机体的自然空间被矿物质填满，一个漂亮的模型就形成了，例如这只菊石贝壳腔。

化石模子　一只保存在
砂岩中的4亿年前的海星

完美的模子 ▲

当一块化石在岩石中形成的时候，它通常是位于两个相邻岩层中间的层面上。如果这块岩石从这一层面劈开，那么，每块岩石上都会有一部分的化石。我们称其中一块化石碎片是另一块的副本。对于古生物学家而言，这两块化石是同等重要的，因为它们都有助于揭示这种动物是如何生活的。

❸ 矿化

随着沉积层的不断积累，最底层被压紧。沙粒挤在一起，水从这里渗过，并留下矿物质。这些矿物质粘结在一起，形成坚固的沉积岩。地下水也会影响这只死去很久的恐龙的骨骼。它能够毁坏最初骨头的有机质，用矿物质来替代它们，就像周围的岩石一样。

刀状牙齿 ▶

在一些更晚期的化石中，尽管柔软新鲜的组织和器官消失了，但动物体坚硬的部分，如壳、骨和牙齿，却可以原样地保存下来。牙齿因为包裹有釉质表面，所以尤其坚硬，也因此，在动物体其他骨骼都丢失的时候，它依然保存了下来。右图所示的就是一颗中生代剑齿虎的犬齿。

❹ 发掘的骨骼

此处的腔骨龙化石可能会永远都埋藏于地下，因为深埋在地下，不会有人看到它。但是，这一地区的岩石升起，形成了山，风、霜和雨开始慢慢地磨损着坚硬的岩石。岩层粉碎并被冲走。最终，骨骼被暴露在地表。这时，如果它没有被发掘，也将因环境和气候慢慢地腐蚀掉。

早期发现

恐龙化石出现在有着数百万年历史的岩石中，人们在还不清楚这种生物是什么的时候，就早已经开始收集它们的化石了。在古代中国，恐龙骨骼被认为龙的骨头。直到 1841 年，科学家们才意识到，这些骨骼属于一种巨大的爬行动物，它们存在于遥远的过去。那一时期的著名科学家理查德·欧文爵士（Sir Richard Owen）指出，这一类已经灭绝的动物应该称之为恐龙。

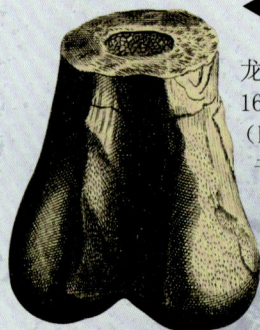

◀令人困惑的骨头
这是世界上第一幅恐龙骨头的图片。它被印在1677 年由罗伯特·普劳托（Robert Plot）著的一本书上。起初，它让所有的人都感到困惑，有人认为它是大象的骨头。现在，科学家们已经知道，它是巨型恐龙巨齿龙股骨的一部分。

巨齿龙股骨

▼新名词的诞生
下图所展示的是身为解剖学家和古生物学家的理查德·欧文爵士和一只巨大的已经灭绝的鸟——恐鸟。欧文是第一个意识到恐龙是一种特殊物种的人，并在 1842 年为它们命名。结合希腊单词 Deinos（"可怕的"）和 Sauros（"蜥蜴"），他创造了"Dinosaur"这个单词。

1822年 巨型鬣鳞蜥

1822 年，吉迪恩·曼特尔（Gideon Mantell）博士和他的妻子玛利·安·曼特尔（Mary Ann Mantell）在英国小镇刘易斯的一个采石场附近发现了一些巨大的牙齿和骨头。曼特尔博士认为它们属于一种巨大的爬行动物，并将这种动物称为禽龙。

吉迪恩·曼特尔

玛利·安·曼特尔

禽龙牙齿

禽龙脊椎片断

曼特尔绘制的禽龙▶
这是曼特尔用钢笔手绘的禽龙草图，图中向我们展示的是他所认为的禽龙的样子。他是根据已发现的一些骨头和现实中鬣蜥的样子想象的。曼特尔误把禽龙的拇指当作角，错按到了它的鼻子上。

禽龙草图

1842年 首次描述

一个标本，只有在它的相关描述发表后，才能够被科学家正式认定。第一个描述和命名恐龙的人是威廉·布克兰（William Buckland）博士。他于1842 年发表了关于巨龙的描述。

威廉·布克兰

▲巨龙的颌
布克兰关于巨龙的工作是基于对类似于图中所示的颌部化石的研究展开的。这块化石自 1818 年就陈列在英国牛津的一所博物馆中。它的大小和形状说明，它属于一只长达 12 米的巨型爬行动物。因此，布克兰将它命名为"巨龙"，意思是"巨大的蜥蜴"。

e▶▶▶
fossil hunters

化石采集者

1853年 首个活体大小模型

1853年，英国雕塑家本杰明·瓦特豪斯·霍金斯（Benjamin Waterhouse Hawkins）与理查德·欧文合作，共同完成了首个成体等比例恐龙模型。他用混凝土创作了巨龙、禽龙和林龙的模型。

▲公园中的巨型怪物

1854年，霍金斯创造的恐龙模型安放到伦敦的水晶宫，现在它们依然存在。他的禽龙模型非常巨大，甚至可以在其内部的空腔中举行晚宴。霍金斯也为纽约中央公园建造了恐龙模型，但是那些都在1871年被损坏并掩埋了。

1878年 第一具骨骼

1878年，比利时贝尼萨特的煤矿工人发现了一具巨大的骨骼化石。在之后的三年中，发掘者们从矿中找到了32具禽龙骨骼。这是所发现的第一批完整的骨骼。

一只贝尼萨特禽龙

▲布鲁塞尔陈列的恐龙骨架

比利时皇家自然历史博物馆的科学家路易斯·道罗（LouisDollo）将禽龙化石运到布鲁塞尔进行组装和研究。通过与其他的骨骼相比较，道罗证明了禽龙有两条后肢，而且还发现曼特尔手绘图中禽龙鼻子上的角其实是它的拇指。

1860年 第一只鸟

1860年，在德国巴伐利亚的石灰岩中发现了羽毛的痕迹。第二年，在同一地区，最早的鸟类化石也被发现。它被命名为"始祖鸟"，意思是"古老的翼"。

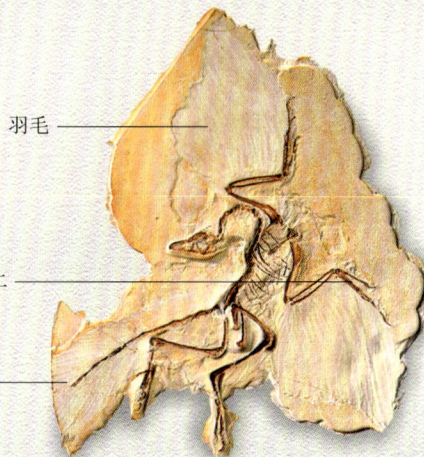

羽毛

带爪的指长于各翼上

长的骨质尾，覆盖着羽毛

巴伐利亚鸟▲

始祖鸟化石是在一块有着1.47亿年历史的岩石中发现的。化石显示，这种古老的鸟大概和喜鹊一般大小。它兼有爬行动物和鸟类的特征，比如，牙齿和带钩的指，还有羽毛和叉骨。

19世纪80年代 "骨骼大战"

在19世纪80年代，化石采集者马什（Marsh）和科普（Cope）之间发生了激烈的竞争，这场竞争使他们发现并鉴定了将近130种新的北美恐龙。在那时，这场竞争被称为骨骼大战。

查利斯·奥塞内尔·马什（Charles Othniel Marsh）

爱德华·德林克·科普（Edward Drinker Cope）

这不是雷龙▶

马什在1877年命名了一种新的恐龙——迷惑龙。1879年，他又用雷龙命名了另一个发现，这次发现的骨骼近乎完整，已被组装并放置于美国耶鲁Peabody博物馆。1903年，人们发现这两种恐龙是同一物种，所以，它不再被称作雷龙。

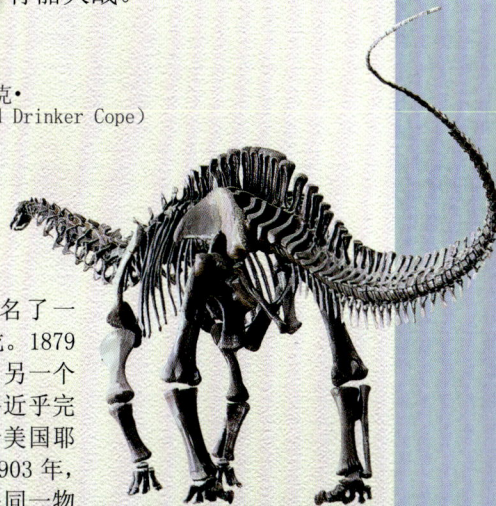

迷惑龙骨架

化石遗址

恐龙曾经生活在地球的各个地方，但是它们的化石残骸却不容易找到，甚至有时难以鉴定。没有植被的荒漠表面，或是腐蚀的断壁的一侧，都可能会暴露出百万年前掩埋在沉积物下的恐龙化石。这些残骸可能并不完整，有许多或大部分骨头被古老的河流冲刷带走。但是，根据将近200年的辛苦发掘工作，古生物学家已经锁定了许多令人兴奋的恐龙遗址。

❶ 美国

落矶山的中西部和山下的丘陵地带可能是所有恐龙遗迹中最著名的一处。在19世纪80年代的"骨骼大战"中，两个美国古生物学家查利斯·奥塞内尔·马什（Charles Othniel Marsh）和爱德华·德林克·科普（Edward Drinker Cope）互相比赛，看谁能够为自己所在的博物馆发现更大、更好的恐龙遗骨。结果，在仅仅20年的时间里，就惊人地发现了多达150种恐龙。

挖掘化石，位于犹他州

❷ 南美洲

阿根廷和巴西南部是目前古生物研究活动的热点场所。那里正在进行的工作向我们展示了白垩纪时期冈瓦纳南大陆（包括现在的非洲和印度）上恐龙是怎样生活的。在南美洲发现的化石残骸包括一些最古老的始盗龙和最大的恐龙——巨龙。

分布▶

这张显示恐龙遗迹分布的世界地图会让人们对恐龙的分布产生一个错误的印象。恐龙化石并没有在所有它们生活过的地方被挖掘到。这其中有许多历史和政治的原因，比如，一个工作队由于战争的原因或不受某个国家的欢迎，而无法到达某个地区进行工作。也可能由于从中生代开始，大陆的外形就发生着变化，所以，我们不能够准确地指出什么地方曾经生活着多少恐龙。

fossils sites

化石遗址

❸ 怀特岛

在19世纪20年代，第一批恐龙残骸在英国不同地方被发现并进行了正确的鉴定。在位于英国南部海岸近海处的怀特岛上，发掘工作从很久以前直到今天都一如既往地进行着。早期白垩纪兽脚类（如巨齿龙）和大型蜥脚类（如梁龙——之前与北美洲相关的恐龙）近期在这里被挖掘出。

❹ 撒哈拉沙漠

100 多年来，非洲一直是恐龙发掘者的重要聚集地。沙漠是寻找化石的理想场所，撒哈拉沙漠已经证明了这一点。非洲恐龙遗迹的首次发现是在 1914 年第一次世界大战之前，由德国探险队完成。如今，大多数的挖掘工作正在摩洛哥和尼日尔进行着，这些发现包括目前为止最大食肉动物之一的鲨齿龙的发掘。

图例
- 🟣 三叠纪遗址
- 🟢 侏罗纪遗址
- 🔴 白垩纪遗址

发现于尼日尔的
无畏龙化石

部分骨骼化石被
掩埋在沙漠中

❺ 戈壁沙漠

在 20 世纪 20 年代，由美国人罗伊·查普曼·安德鲁斯（Roy Chapman Andrews）带领的探险队在蒙古的戈壁荒漠中发现了恐龙残骸。最初的发现只是一个偶然，第一支探险队来这里仅是为了寻找早期人类的遗迹。最令人兴奋的发现是挖掘出了第一个恐龙巢穴和恐龙蛋。如今这里依然在进行着化石的发掘工作，工作人员主要是一些来自中国、美国和东欧的工作队。

❼ 南极洲

以前，人们一直认为，恐龙生活在地球的各个地方，只有南极大陆例外。但是，在 1986 年，第一次在南极冰层下发掘出了恐龙化石，在 1991 年，一些食肉动物的化石在柯克帕特里克峰被发现，其中包括有冠的冰脊龙。此处也有其他的发现。在这些动物生活着的侏罗纪早期，南极大陆是超级盘古大陆的一部分，并非常靠近赤道。

❻ 澳大利亚

在澳大利亚已发现了几处恐龙遗迹，其中最重要的一处是在 20 世纪 70 年代发现的。这处遗迹位于维多利亚海岸，因而被命名为"恐龙湾"。这里的发现显示，白垩纪时期，当该大陆在南极圈内的时候，这一地区有大量的鸟脚亚龙。这些恐龙的残骸说明，它们已经适应了南极漫漫冬日的严寒。

挖掘现场

过去的恐龙挖掘与现在的挖掘过程有很大差异。以前，易碎的化石常被粗鲁的挖掘方法弄碎，甚至在运送到博物馆的途中被震成碎片。化石遗址也很少保留下来。结果，有价值的标本和信息就这样遗失了。现代挖掘工作包括了化石骨骼和它周围环境的研究。像侦探一样，古生物学家们通过调查遗址来寻找恐龙生活的线索。之后，化石被小心地移动和准备，然后运走。

非常完整的后肢骨

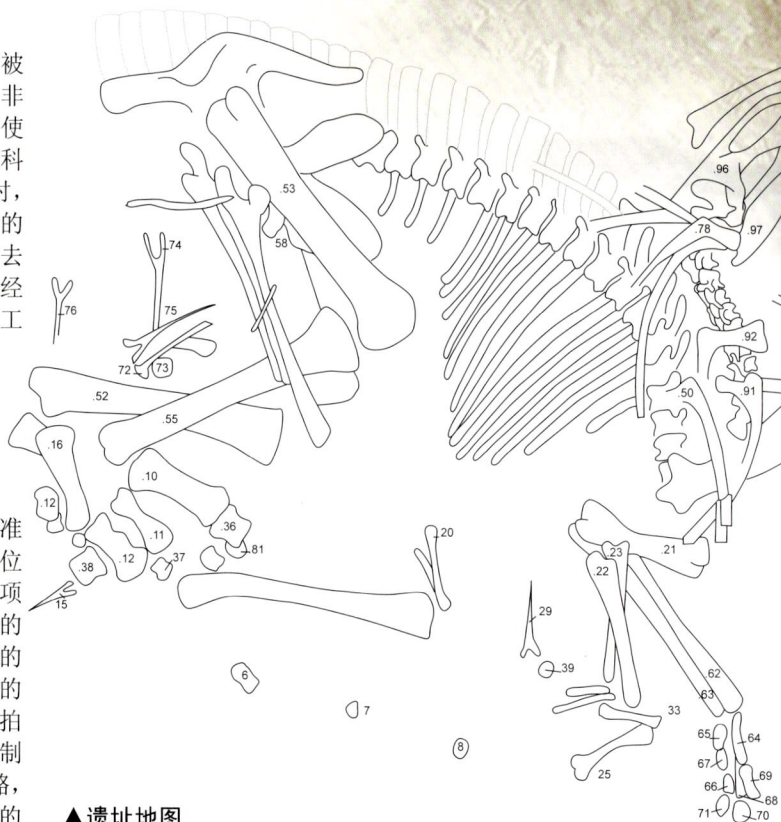

excavation

挖掘

非常完整的后肢骨

◀遗址现场的准备工作

当一具恐龙骨骼化石被发现时，首先要做的是移走化石层上的岩石和泥土。在美国蒙大拿的朱迪斯河挖掘现场，化石层上方6米厚的表土用推土机和炸药去除，剩下最后1米厚的表土用手工工具（如锤子和凿）去除，直到在骨骼化石上方只余下薄薄的一层覆盖物。

◀化石的暴露

包埋有化石的岩石被称作母岩。它的移动要非常小心，通常工作人员使用精致的凿、刷子和牙科工具对它进行操作。有时，石化的骨非常坚硬，它的母岩松散、易碎，易于去除。但是，这些骨化石经常和岩石一样坚硬，使工作进行得更加困难。

◀绘制遗址地图

接下来的工作就是准确地记录标本所在的位置。为了精确地完成这项工作，工作人员在遗址的上方架起用绳、线搭建的网格，将其划分为更小的面积。每一件标本都要拍照，同时也要手绘。绘制的地图中不仅包括骨骼，也包括同一岩层上其他的化石。在恐龙行为和其如何死亡的研究中，这些将为研究人员提供有用的细节信息。

▲遗址地图

一份绘制成功的遗址地图可以向我们展示遗迹中所有骨骼的位置。每一块骨骼都会入编并编号，这样，它在之后的实验室研究中能够被辨别。其他的相关信息，如其它的化石和沉积物结构，也会在地图中标注。

脊柱突然中断——尾部
遗失或还未被挖掘

▼已暴露出的化石

骨骼化石暴露出来后，古生物学家得到了标本的清晰图片。他们能够辨别这只动物的各个部分，并能够评估标本的完整程度。这些标本是一头叫做短冠龙的鸭嘴龙的骨骼化石。它侧躺在地上，头部向后扭曲在脊柱上方。发掘工作到了这一步，很重要的一点是要尽可能快地进行工作，因为，新暴露出来的化石对于天气非常敏感。

脊柱仍连接在一起

颅骨碎裂，
碎片散布

前肢，力量小
于后肢

▼直升机运送

化石必须非常小心地包装，以免在运往博物馆或实验室的途中被损坏。遗址经常是在非常偏远的地区，旅程漫长而颠簸。现在，化石是通过吉普车、飞机、船、卡车，甚至还有马车来运送。在很多挖掘现场，有时用直升飞机来运输非常精致的标本。

结实的电缆
提拉石膏外
套中的骨化
石——些
石膏块重达
几吨

▲包装

许多化石都是非常易碎的，在将它们移动和运输之前，要进行非常细致的准备工作。首先，将胶水或树脂喷洒或涂刷在化石上，让它们渗透到化石中，并凝固。这使得化石更加坚硬。之后，将化石包裹上纸或箔的保护层，用绷带密封。

▲石膏打包

骨端用半液体的石膏覆盖。当石膏放置坚硬后，化石的下半部分就可以挖出。然后将它翻转，用绷带和石膏进行包裹，最后，整块化石被封装在坚固的石膏外套中。现在，化石就准备好了，可以装入箱子后，运送到实验室。

躯体化石

fossils

化石

由于化石通常包埋在石头中，所以古生物学家们在发现和鉴定恐龙化石时困难重重。通常，只有动物体坚硬的部分能够形成化石，而且，一具完整的骨骼化石是比较稀少的，分散的骨头和牙齿则比较常见。但是，有时人们也会挖掘到非常完好的整体化石，这些化石依然保持着恐龙活着时样子，化石中可以看到皮肤的纹理，非常偶然的还可以看到软组织的痕迹。尽管这样的发现很少见，但是，在过去的两个世纪中，这样的发现已经为科学家提供了大量的信息。从而使科学家们得以根据这些信息，构建了恐龙生活状态的图片。

长鞭样尾

尾部人字骨（V形骨）仍在原位

左后肢骨已遗失

后肢骨，正如活着的状态

右后肢的足遗失了

长指骨，用来抓取植物

恐龙干尸

死去的恐龙在腐败之前被冲入河流，并掩埋在软软的河泥中，恐龙"木乃伊"就在这样的环境下生成了。稀软的河泥上留下了皮肤纹理的印迹，河泥在固结变成石头时，这些印迹保留了下来。这些皮肤印迹非常有价值，因为它们能够为科学家展现一个恐龙皮肤的外观。但是，它们也会引起误导。几十年来，一只恐龙前脚上的干瘪皮肤支持了鸭嘴龙有蹼的观点，也说明鸭嘴龙是一种可以游水的动物。干热的条件使这具埃德蒙顿龙尸体的腱收缩。在美国怀俄明州发现的恐龙躯体化石第一次为恐龙皮肤与现代爬行动物相似的观点提供了证据。

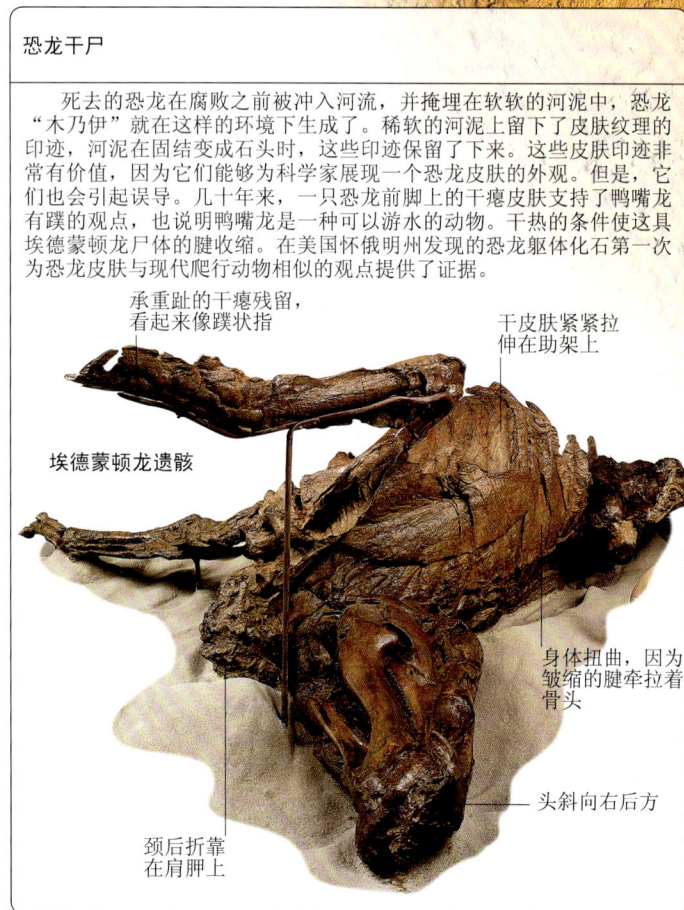

承重趾的干瘪残留，看起来像蹼状指

干皮肤紧紧拉伸在肋架上

埃德蒙顿龙遗骸

身体扭曲，因为皱缩的腱牵拉着骨头

头斜向右后方

颈后折靠在肩胛上

▲近乎完整的骨骼

这只异齿龙正是古生物学家梦寐以求的！这是一具几乎完整的恐龙骨骼，仍然存在关节连接（原位连接），并呈现恐龙活动时的姿态，这样的发现是罕见的。我们可以想象，这种兔子大小、以植物为食的生物跳跃着，抬起头，警戒着四周，尾巴还在身后摇摆着。遗憾的是，像这样很好地保存下来的骨骼是非常稀少的。通常，骨头会因动物、天气或流水而分散。大多数的恐龙化石是骨头块或不完整的骨骼。颅骨非常轻，以至于它们总是碎裂成片或完全丢失。

◀恐龙牙齿

牙齿特别的坚硬并保存较好。它们包裹在釉质之中，釉质使牙齿比骨头更加坚硬。也许当动物的骨头消失了，它的牙齿却变成化石留下来。恐龙的牙齿经常可以全部找到，而且，有些物种可以单凭它们的牙齿来鉴定。在兽脚类食肉动物的一生中，牙齿都可以脱落并新生，所以，兽脚类的牙齿，如巨齿龙的牙齿，是常见的。

损坏了的巨齿龙的牙齿

短冠龙颅骨

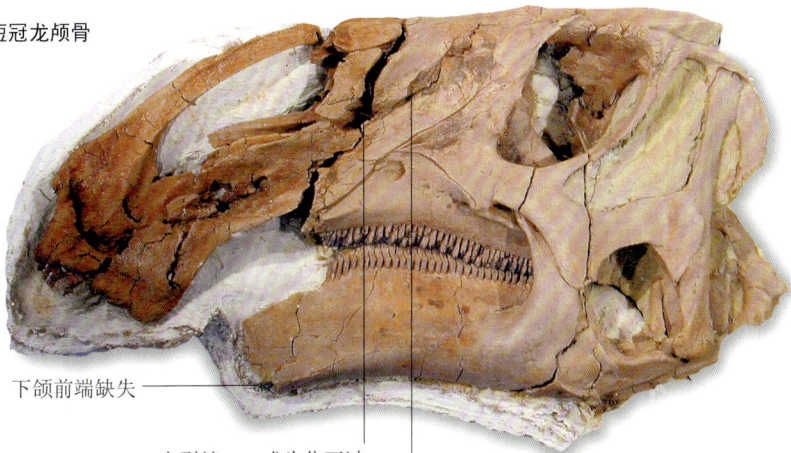

下颌前端缺失

大裂缝——成为化石过程中受到损伤

细微的裂缝——骨间连接

骨折的颅骨▲

恐龙颅骨很少被古生物学家发现。颅骨是由许多不同的部分连接在一起构成的，在恐龙死后不久，大多数的颅骨会很快碎裂。颅骨的每一侧都有大约十几块骨头（不包括牙齿），而且鸟臀目的下颌有 3～4 块骨头。尽管这只鸭嘴龙颅骨碎裂了，且有部分丢失，但是它依然是个很有价值的发现，并帮助古生物学家更好地了解恐龙。有许多已发现的恐龙骨骼都近似完整，单单缺了颅骨这一动物解剖学中最重要的部分。

似鸟类的髋骨

完整的脊柱，所有的骨头都在原位

完整的颅骨

腕骨

五指前足是鸟脚类恐龙的典型特征

前肢折向胸腔

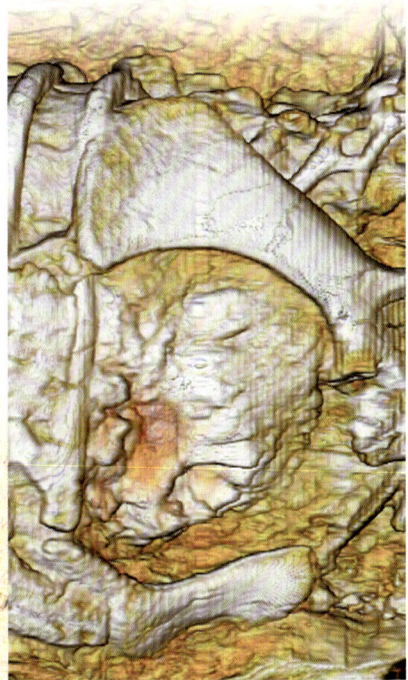

恐龙心脏▲

最稀少的化石发现是内部器官化石。消化系统、肺、心和其他柔软的部分通常都很快腐败，没有留下什么可以形成化石。但是，有时会有幸运的发现。1997 年，在美国有一具鸟脚类——奇异龙骨骼化石出土。就在肩胛骨（图中从左上方斜向下至中央偏右的大块骨头）的下方，有一圆形的块状矿化物，如图中间位置所示。这是首次发现的恐龙心脏化石。

踪迹化石

一些最有趣的化石中并没有恐龙残骸存在。它们只是一些恐龙留下的痕迹，比如，恐龙走过留下的足迹、皮肤印迹，甚至是粪便。这类化石被叫做踪迹化石。这些化石很有价值，因为它们可以帮助科学家们洞悉恐龙的生活。巢穴和恐龙蛋也能够提供有关恐龙生活方式的有用信息。通常，比之踪迹化石，根据巢穴和恐龙蛋化石进行某种恐龙的鉴别更容易。

皮肤印迹▲

恐龙皮肤印迹的发现很少见，但是，这样的发现对于古生物学家来说是一件令人兴奋的事情。恐龙曾在某个泥穴中躺卧或坐过，才有可能形成皮肤印迹化石。之后印迹周围的泥土被掩埋，并变成了石头。通常，若要皮肤作为化石保留下来，则需要恐龙死后不久就被掩埋，且它的皮肤未受损伤。皮肤腐烂掉，但是周围的泥土已经留下了皮肤的印迹。

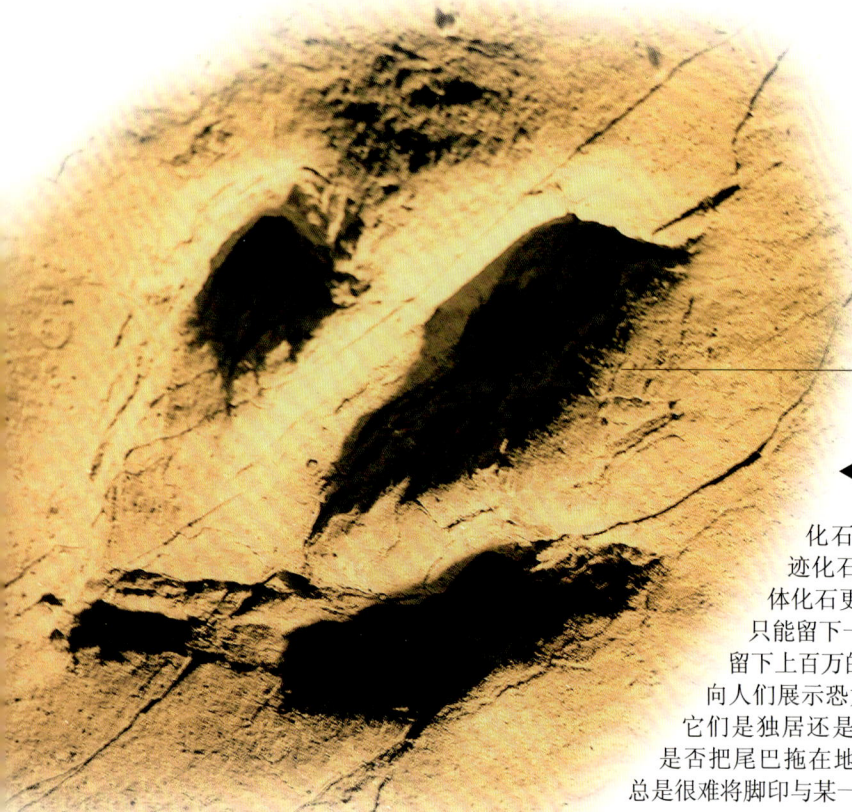

三趾足迹留在砂石中

◀足迹

最常见的踪迹化石是足迹化石。足迹化石有时比动物的躯体化石更常见。一只恐龙只能留下一具尸体，却可能留下上百万的脚印。这些足迹向人们展示恐龙是怎样行走的，它们是独居还是群居，甚至它们是否把尾巴拖在地上。但是，人们总是很难将脚印与某一种恐龙匹配。

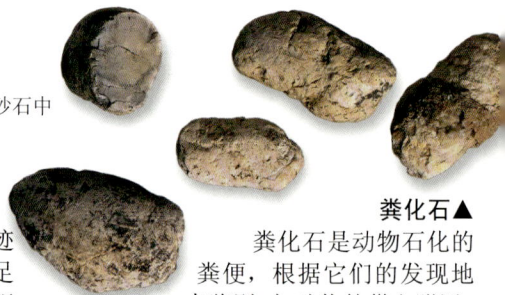

粪化石▲

粪化石是动物石化的粪便，根据它们的发现地来鉴别，如动物的巢穴附近。这些化石可以揭示那些排泄它们的动物的饮食情况。暴龙的粪化石中含有鸭嘴龙的骨碎片。而鸭嘴龙的粪化石中又含有未消化的植物残渣，其中包括可辨认的孢子和花粉。粪化石的形状也可以告诉我们恐龙肠道的形状。

恐龙足迹的制作

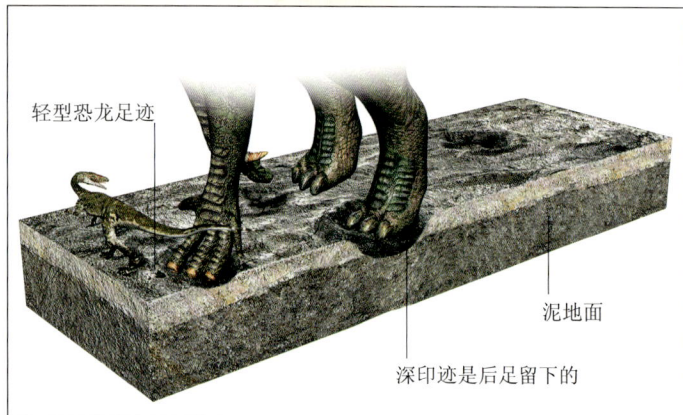

轻型恐龙足迹

泥地面

深印迹是后足留下的

制造脚印

足迹化石会误导科学家。在图中，一只四足恐龙从泥地上走过，而另一只小一些的恐龙从它身边跑过。这只大恐龙的后足非常沉重，以至于穿过顶层的湿泥层踩进下面坚硬的土层中。这只大恐龙的前足和那只小恐龙只在表面一层留下了印迹。

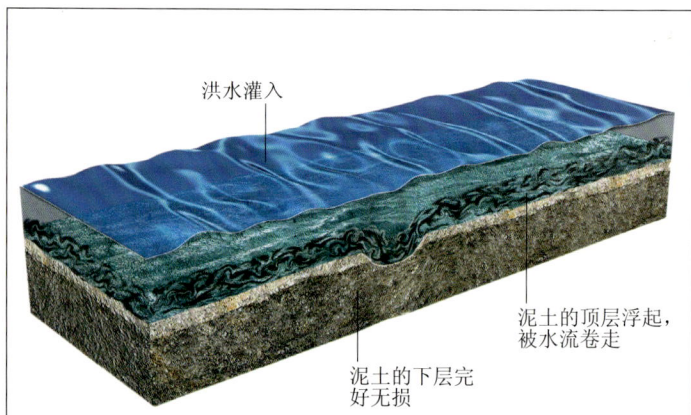

洪水灌入

泥土的顶层浮起，被水流卷走

泥土的下层完好无损

表层被洪水淹没

脚印留下后，恐龙离开了，附近的河水没过河岸将泥地淹没。湍急的水流将泥地顶层松散的泥土冲刷已尽，并毁坏了大恐龙前足和小的两足恐龙留下的浅脚印。但水流没有接触到下面的坚硬土层。

fossils
化石

重建的蛋壳

幼兽的头，
蜷在两腿间

▲恐龙巢穴

这个石化的巢穴是 20 世纪 80 年代在美国蒙大拿州发现的。起初，科学家们认为它只是一种被叫做奔山龙的鸟脚类恐龙的巢穴，因为在这里发现了到处散布的奔山龙的骨头。现在我们知道，这是一种叫做伤齿龙的食肉动物的巢穴。它可能以奔山龙为食。伤齿龙巢穴中的所有蛋都直立地埋在泥土中，以保持它的温度。只将顶端暴露在空气中。

石化的蛋壳碎片

蛋化石▶

把恐龙蛋打开并进行检测后，我们可以很清楚的知道它们所在的巢穴是属于哪一种恐龙。蛋里面石化的骨头是一只恐龙宝宝。许多恐龙蛋都已成为精细的化石，从中我们可以看到蛋壳的微观结构。从这种图中我们可以看到，恐龙蛋壳像鸟类的一样坚硬，而不是像蜥蜴或鳄的那样柔软而有韧性。

左后肢骨印记

恐龙蛋壳的微观视图

左后肢骨，折起，抵在胸上

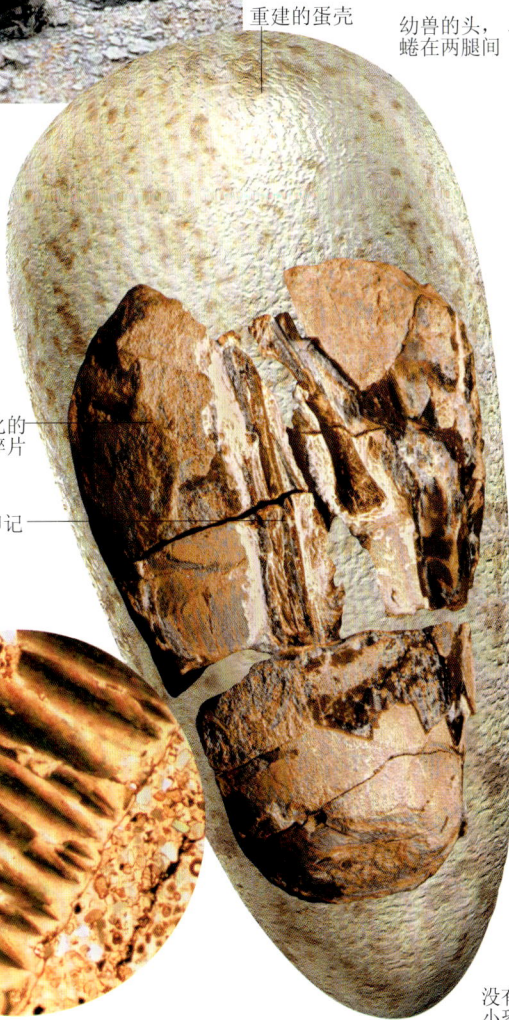

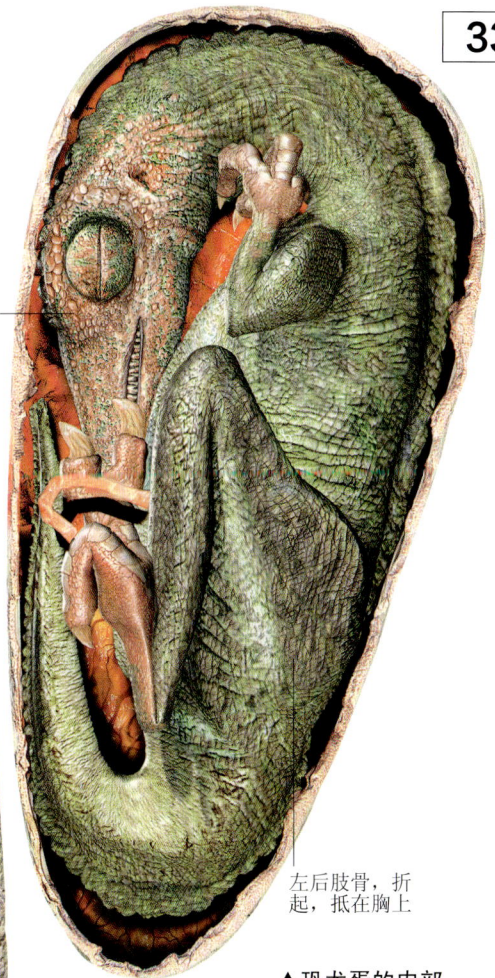

▲恐龙蛋的内部

根据恐龙蛋里石化的骨头，我们可以重塑伤齿龙幼仔将要孵出时的样子。它的头下弯，蜷在两腿之间。和其他动物的胎儿一样，头和眼睛很大。鼻子上有一个角，用来从里面击破坚韧的蛋壳。这个角在它孵出后会很快消失。

没有大恐龙前足或小恐龙的足迹

凸出的后足印迹

洪水消退

新的泥土沉积

后足印迹被填满

不断沉积

洪水退去后，从顶层卷起的泥土被冲到了别的地方。从上面流过的水带来了更多的泥土，覆盖了整个区域，填充了那只大恐龙后足留下的印迹。之后，洪水使顶层沉积了越来越多的泥土。最终，所有这些泥层紧压在一起，随着时间的变化，固结成沉积岩。

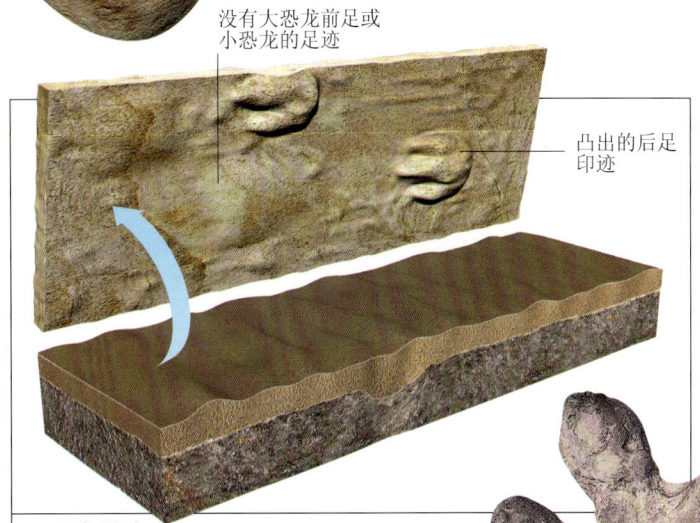

200万年以后

最终，沉积岩暴露出表面。如果岩石沿着恰当的岩层裂开，足迹就会呈现出来。上层常常比下层保存得要好，后足的脚印用三维图形展示出来。它也可能被看作是一只两足恐龙曾从这里经过。

三趾鸟臀目恐龙的足迹

足迹检测

人们认为，恐龙的足迹较之恐龙的骨骼能够提供给我们更多关于恐龙的信息。因为，恐龙的足迹是它们活动的记录，而骨骼仅仅是它们尸体的残骸。任何动物的足迹都会告诉你很多关于它的信息，比如它的体积，它如何站立、奔跑或行走。通过足迹与骨骼的对照，科学家们能够绘制恐龙真实模样的图片。一组足迹可以揭示恐龙更多的行为，甚至可以用来测算恐龙的行动速度。一些最大的足迹是迷惑龙留下的。这些足迹有1米多长，0.7米宽。

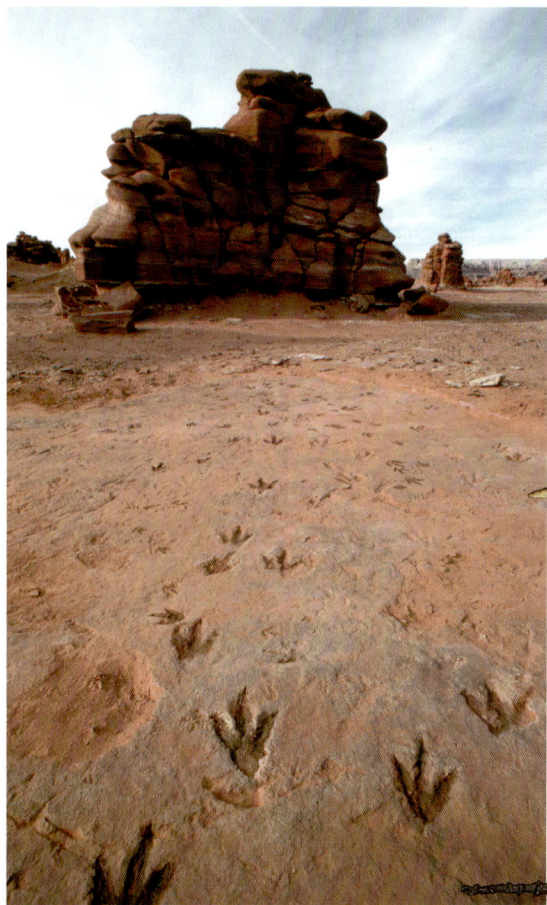

足迹长度

足迹宽度

左侧足迹

足迹测量▲

在分析足迹的时候，如这些禽龙的足迹，会用到许多不同的测量方法。一只恐龙的足迹长度、宽度，以及足迹轨迹的宽度能够告诉我们这只恐龙的体积。足迹轨迹的宽度还可以向我们揭示恐龙经过时的姿态。还有其他的测量方法能够告诉我们恐龙是如何移动的，如步长（连续的两个脚印之间的距离）、步幅（同一只足的相邻两个脚印间的距离）和交替两足的足迹间的角度（跨步角度）。

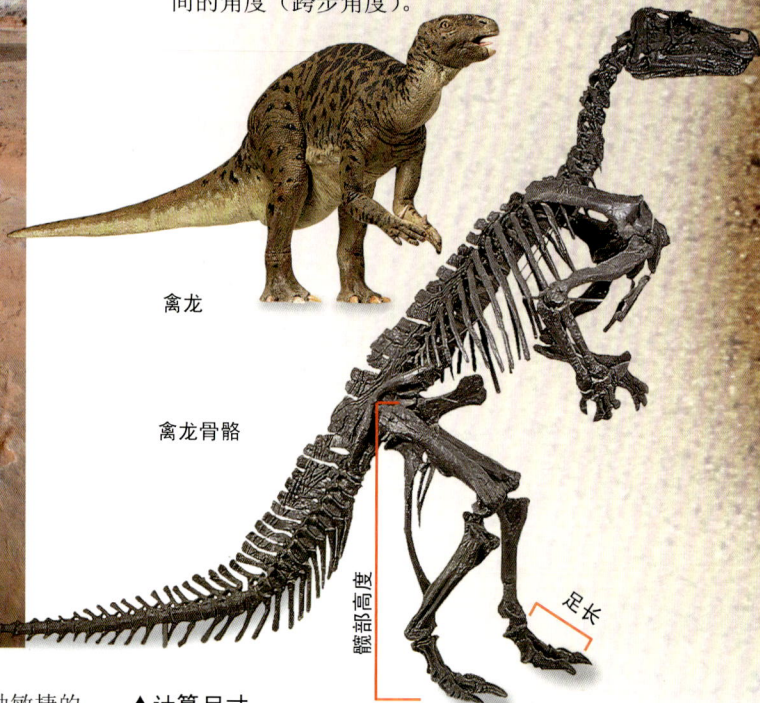

禽龙

禽龙骨骼

髋部高度

足长

▲行为指示

这些足迹位于美国亚利桑那州，它们是由一种敏捷的肉食性角鼻龙类恐龙双脊龙留下的，这种恐龙用两条后肢奔跑。像这样的一组足迹可以告诉我们这种动物是如何行动的。单独的一串脚印说明这只恐龙是独居的，而几串平行的足迹则说明这种恐龙是群居的。有时，我们在一家族群体恐龙的足迹中可以看到大小脚印相混杂。足迹的轨迹还可以揭示食肉恐龙捕食猎物的情景。

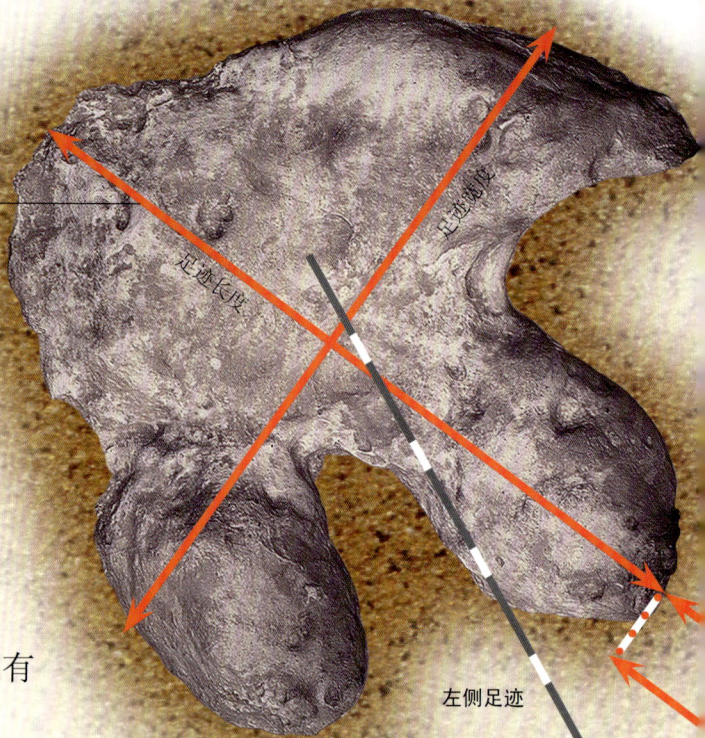

▲计算尺寸

恐龙的体积可以通过它的足迹计算出来。一个关键的测量项目就是髋部的高度，通常髋部的高度以大约足迹长度的四倍来估算。如果有一组足迹，我们就可以从中得知这只恐龙是两足行走还是四足行走，并能够从中获得恐龙体积和外形的更多精确信息，以及它是如何站立和行动的。禽龙体长8～12米，并且可能保持身体水平地行走。

动物姿态的比较

如果恐龙像大多数现代爬行动物一样，它们就会靠从身体两侧伸出的四肢站立，肘和膝都以直角弯曲。这种姿态我们称之为卧式。或者，它们以半卧式行走，肘和膝稍稍弯曲，就像现在的鬣鳞蜥。但是化石中足迹都靠得很近，说明这两种姿态都不可能形成。这些足迹化石显示，恐龙像现在的哺乳动物一样，靠身体正下方垂直伸出的四肢支撑身体的重量和行走。这种直立式对于恐龙的生存是非常重要的。这是因为，这种直立式可以使恐龙在陆地上快速而敏捷地行动。同时，由于恐龙不必消耗能量来支撑它们的身体，所以它们能够精力充沛地活动，如觅食。

重龙

髋部高度＝4×足长

直立式

普通鬣鳞蜥

卧式

矮鳄

半卧式

奔跑和行走速度

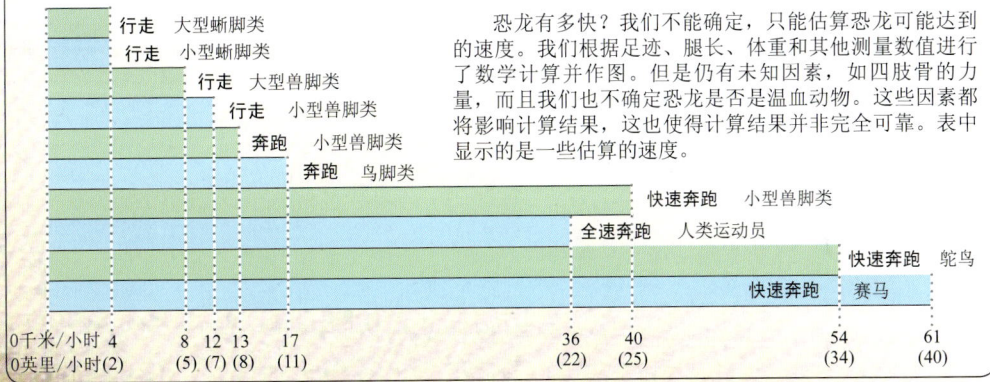

恐龙有多快？我们不能确定，只能估算恐龙可能达到的速度。我们根据足迹、腿长、体重和其他测量数值进行了数学计算并作图。但是仍有未知因素，如四肢骨的力量，而且我们也不确定恐龙是否是温血动物。这些因素都将影响计算结果，这也使得计算结果并非完全可靠。表中显示的是一些估算的速度。

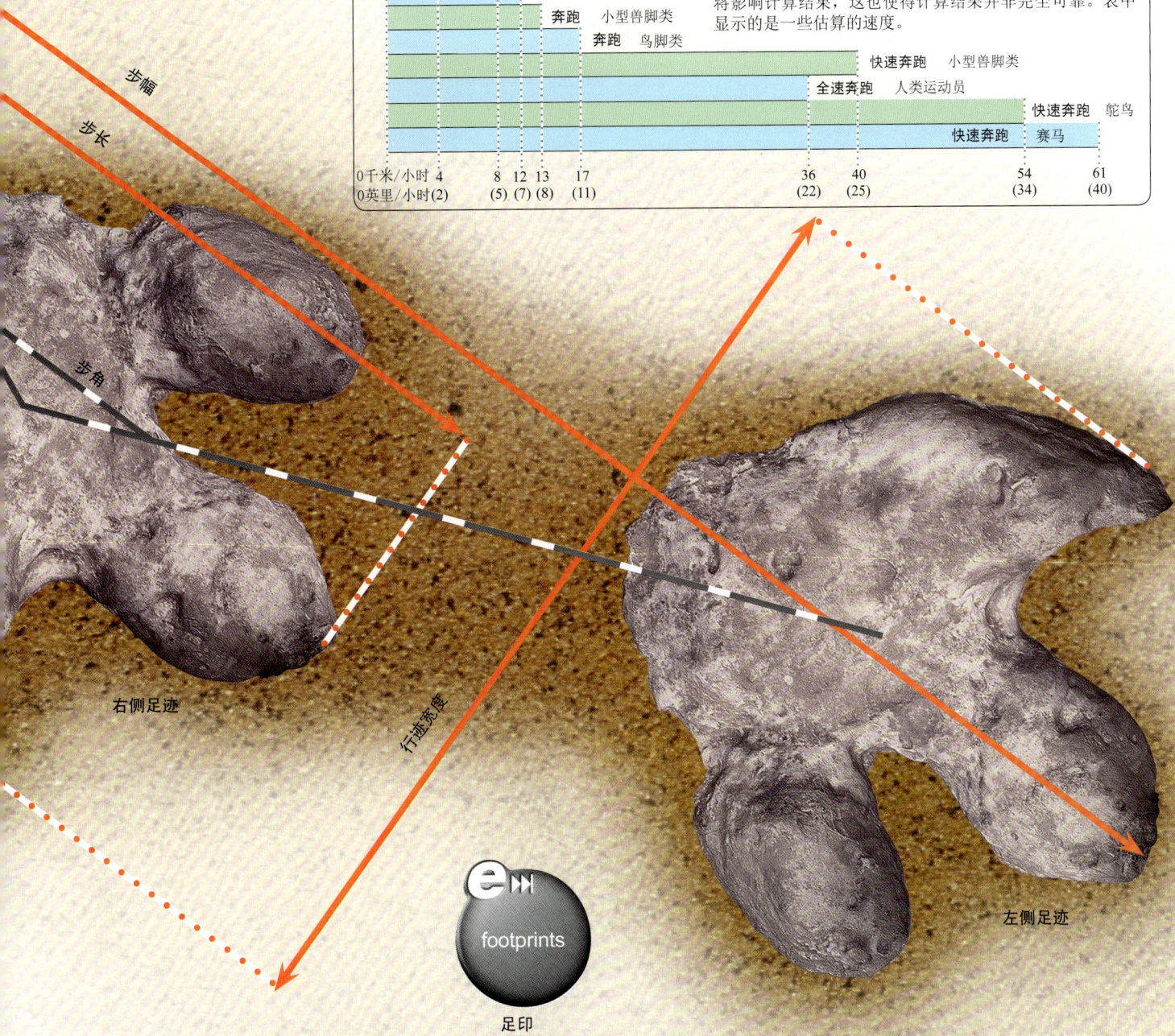

	行走	大型蜥脚类

行走 大型蜥脚类
行走 小型蜥脚类
行走 大型兽脚类
行走 小型兽脚类
奔跑 小型兽脚类
奔跑 鸟脚类
快速奔跑 小型兽脚类
全速奔跑 人类运动员
快速奔跑 鸵鸟
快速奔跑 赛马

0千米/小时 4　8　12 13　17　36　40　54　61
0英里/小时 (2)　(5)　(7)(8)　(11)　(22)　(25)　(34)　(40)

步幅
步长
步角
右侧足迹
行迹宽度
左侧足迹

e footprints

足印

实验研究

当一块化石被运送到实验室时，它通常是包埋在被发现时所在的岩石块中。标本制作人员都要经过特殊的技术训练，他们的首要任务是将化石从岩块中取出并清洁干净。有时，他们也使用化学药品将化石和岩石分离。将化石在酸缸中放置几个月，这样其周围的母岩就溶解掉了。标本制作人员也修复骨骼，他们用胶水和树脂加固脆弱的部分，也会制作遗失的骨头以用于骨骼的重建。这些工作是相当耗时的，例如，美国芝加哥菲尔德博物馆的暴龙骨架花费了 12 个人整整 25000 个小时才完成。

preparation

制备

去除包装

美国芝加哥菲尔德博物馆的技术人员打开了一个小心包装的箱子，里面是暴龙骨架的骨头，图中我们看到的是一块髋骨。尽管工作人员并不知道这只恐龙的性别，但是，他们因为发现者是一位女士，而给这只恐龙起名为苏（Sue）。

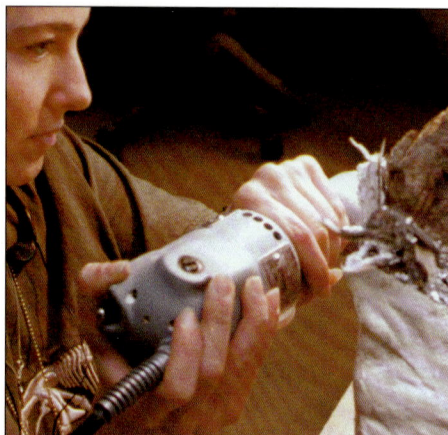

移除保护套

首先，送送过程中保护化石的石膏外套被去掉。图中标本制作人员正在用一个管状切割锯小心地切除苏的脊椎骨的外套。在石膏下是一层箔或纸的保护层，也被移除。

气动凿岩机

化石的清洁工作要使用很多工具。图中一名标本制作人员在使用气动凿岩机破碎化石周围岩石的主体。他带了一个面具，以防止吸入岩石灰尘。在这一步，岩石被大块地移除。

精细清洁

更为细致的清洁工作是使用一种叫做划线器的钢笔模样的设备完成的，它通过高频率的振动来粉碎岩石。图中的这位技术人员正在清洁苏的 58 颗牙齿中的一颗，最大的一颗牙齿有 30 厘米长。苏的颅骨花费了 3500 小时来整理。

空气磨蚀

另一种更好地清洁的方法是用强劲的气流将碳酸氢钠喷射到标本上。这种方法称作空气磨蚀技术。有时，非常精细的清洁是在显微镜下用牙科工具进行的。现在，碎裂的骨头可以用特殊的胶水或树脂修复。

▲重建后

经过两年半的工作，苏开始进行公开展览。它由原来的 200 多块骨头构成，髋部 4 米，从头到尾长 13 米。原来的颅骨太重，以致金属框架难以支撑，因此，展出的是一个较轻的复制品。苏是一个珍贵的完整标本，因此对于研究非常重要。它的骨架被组建出来，以便于研究中易于移动。

电脑重建

如今，电脑被用于恐龙研究的各个方面。在发掘现场、化石遗址，可以使用电子测量设备进行地图测绘。在实验室中，计算机重建等技术使古生物学家能够在电脑上复原恐龙，对它们进行从内到外的研究，这是以前做不到的。

屏幕上的恐龙▶

如果医生想要查看病人身体内部，他们可以通过计算机化X射线轴向分层造影技术扫描来完成。这一过程包括使用X-射线对病人进行各个角度的扫描，将结果输入到计算机中，建立一个病人身体内部的三维图像。这一技术也可以用来进行恐龙化石的内部观察，例如，它可以生成恐龙骨骼内部和恐龙蛋内部图像。图中，一位古生物学家正在对一块化石中得到的一只暴龙脑部的CAT扫描图和另一只暴龙脑部的手绘图进行比较。

▼三维重建

被发现的化石通常经过上百万年岩石和沉积物的挤压而碎裂或损坏。但是，经CAT扫描生成的图像可以制作任何已损害的标本。在这幅图中，一只平整的暴龙的颅骨被拿来向我们展示它未变形之前的样子，其中所有骨头都是其原有的比例和位置。尽管这只暴龙的脑部没有形成化石，但它外围的脑壳保存完好，为科学家们提供了很好的脑部图片。很有可能，暴龙具有很好的嗅觉，因为它大脑的一半好像都是用以支持嗅觉的。

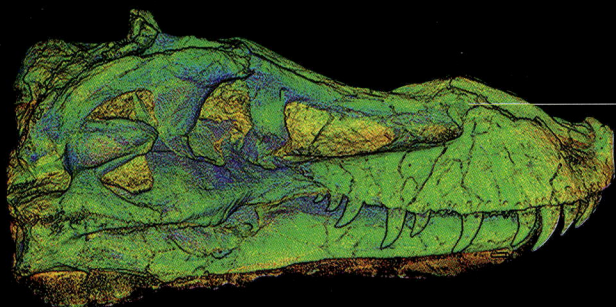

压碎的吻部，颅骨的顶部和底部同样压碎了

▲压碎的颅骨

这是美国芝加哥菲尔德博物馆中一只暴龙颅骨的三维图像。这个图像可以旋转以展示颅骨的两侧，也可以一分为二揭示内部骨头的形状。科学家们可以以此进行一次恐龙颅骨内部的虚拟探索。为了创作这幅图像，这只颅骨被专门的X-射线设备扫描了500小时，这种X-射线设备一般被用来进行喷气式发动机和宇宙飞船各部分隐藏瑕疵的检测。

颅骨的形状和大小显示Sue的脑部有30厘米长

颅骨被垂直地伸展，以展示它的原初比例

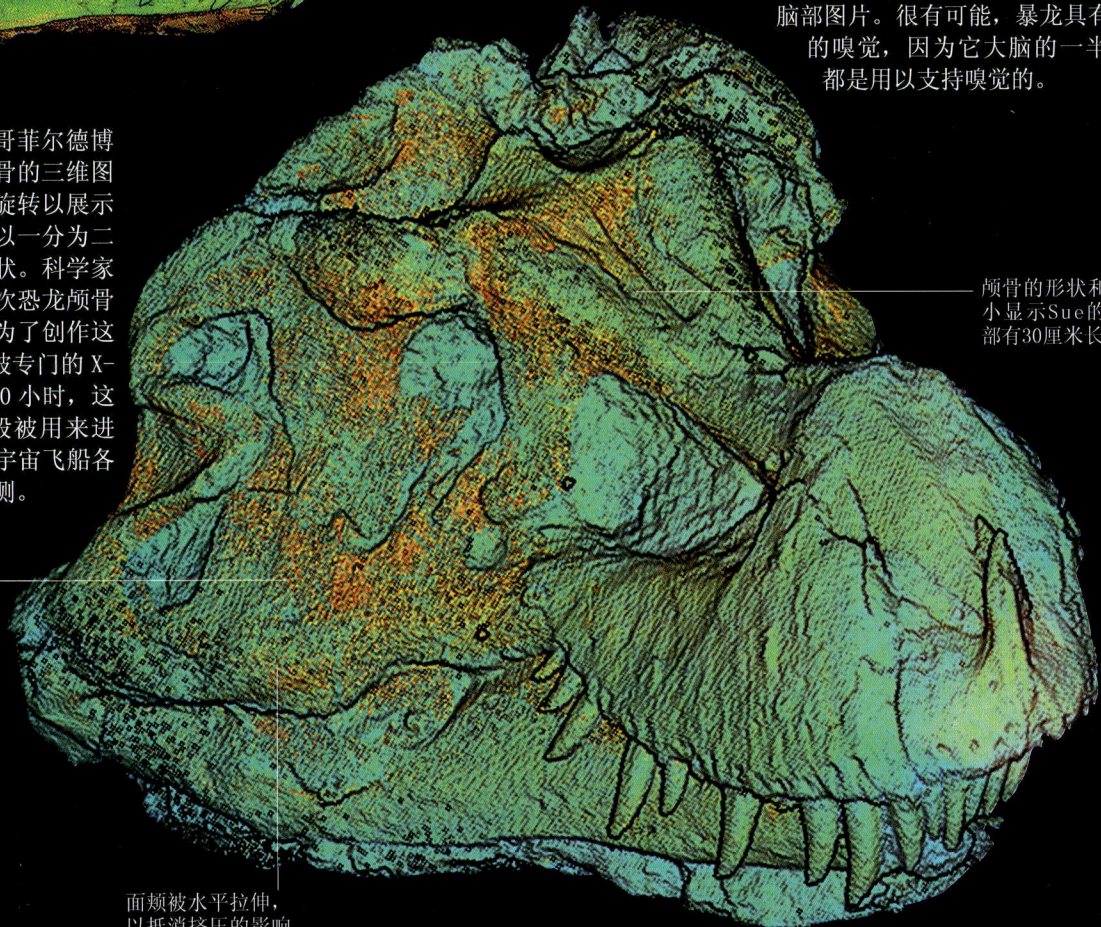

rebuilding

重建

面颊被水平拉伸，以抵消挤压的影响

菊石化石，B种，
发现于石灰岩中

形成时间更晚的深
水石灰岩在海水消
退后显露出来

交替形成的页岩与沙岩，
其中含有恐龙化石，位于
河流三角洲

火山灰层

化石年龄鉴定

恐龙的时代在几千万年之前，所以进行确切的年龄鉴定是非常困难的。科学家们使用两种年代鉴定技术计算出岩石和化石的年龄。第一种方法叫做相对年龄鉴定。这种方法需要了解依岩序排列的不同岩石的位置，以及这些岩石中不同类型化石的位置。第二种方法叫做绝对年龄鉴定，这种方法是通过分析岩石中矿物质放射性元素的衰变量来完成的。

◀悬崖断壁的岩层

根据未受损的岩石层序，如一处悬崖断壁，我们可以很容易地大致了解各个地层的年龄，最古老的位于底层，最年轻的在顶层。这是因为新的沉积物总是沉降在之前已有沉积岩的顶层。所以，在查看一处悬崖断壁的历史时，很重要的一点是从它的底层依次向上来了解它的历史。

粗糙的石灰岩沉积物

火山灰层，含有可
以进行年代鉴定的
矿物质

dating

年代

尾横跨动物体上方

菊石化石，A种，
发现于石灰岩中

◀标准化石

标准化石能够用来对它所在的岩石进行年龄鉴定。最好的例子就是那些生活周期非常短的动植物化石，它们在很多地方都有被发现。菊石，是现在章鱼的带壳亲属，是理想的标准化石。假定一块恐龙化石在古三角洲（河流入海口）地层中被发现。这些沉积层处在 1.99 亿年前菊石 A 种出现的岩层和 1.95 亿年前菊石 B 种灭绝的岩层中间，那么这些沉积层的年代就限定在两者之间的 400 万年。

海底形成的
深水石灰岩

布万龙化石，发现于沙岩和页岩层中

周围岩石中的化石也被收集，进行分析

▼恐龙骨骼的年代鉴定

科学家们获得恐龙化石的年龄，不仅要对它所在的岩石进行年龄鉴定，还要对它上面和下面的岩层进行鉴定。这只布万龙是泰国发现的第一具恐龙化石，从它周围化石的年龄得知它生活在白垩纪。有时，根据一些在其他地方发现并已被正确证实其生活年代的同种恐龙化石，科学家们就可以得知化石的年龄。地质学家称这种方法为横向连续法则。一块化石总是比它下层的化石年轻，这叫做迭加原理。

骨间仍有关节连接（在原位），显示它的埋葬是在突然间发生的

放射性年龄测定

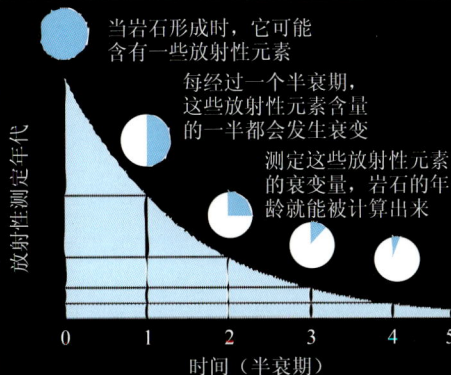

当岩石形成时，它可能含有一些放射性元素

每经过一个半衰期，这些放射性元素含量的一半都会发生衰变

测定这些放射性元素的衰变量，岩石的年龄就能被计算出来

岩石中的一些放射性元素通过释放能量和转变为不同的更稳定元素的方式进行衰变。每种放射性元素的衰变速度是恒定的。科学家们准确地知道这些放射性元素半量衰变的时长，并称之为半衰期。当第二个半衰过后，这些元素将衰变为最初数量的四分之一。再一个半衰期过后它将衰变为八分之一，依此类推。一个很好的例子就是钾-氩转换。钾-40的半衰期是13.1亿年，衰变发生后，钾-40转变为稳定的氩-40。

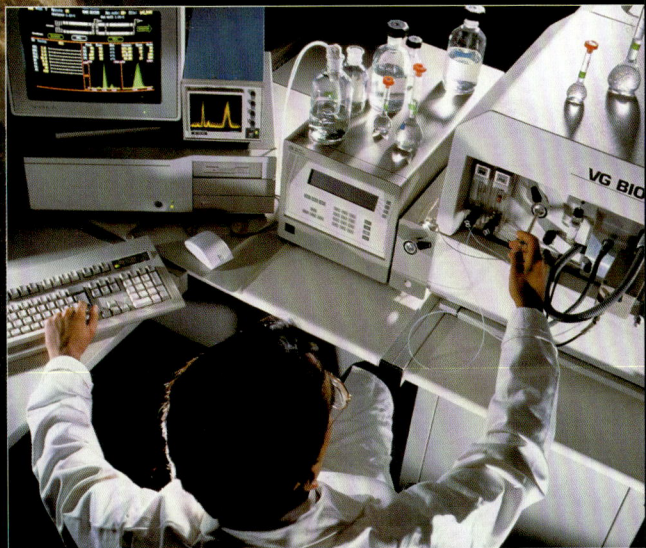

▲绝对年代鉴定

通过检测沉积层序中的火山灰层，我们就可能计算出一座古火山喷发的确切时间。这一过程是科学家在实验室中使用生物年龄测定对喷发生成的矿物质进行分析后完成的。左侧页边所展示的悬崖断壁上两处火山灰层分别具有1.97亿年和1.96亿年的历史。恐龙化石层位于它们的上方，所以它要年轻一些。结合目前所知的有关菊石的知识，我们可以将恐龙化石的年龄鉴定为1.96亿年或1.95亿年。

骨架重建

重建一具恐龙骨架是一项复杂的工作，因为，通常只有骨架的一小部分能够被找回。古生物学家们假设这些遗失的部分与它们亲缘关系最近的动物的骨骼相似，并以此为指导制作替代品。大多数挖掘出的化石都太脆弱，以至于不能全部复原，所以技术人员制作了骨骼的轻型复制品，并将它们以恐龙活时的姿态支立起来。美国自然历史博物馆中的重龙骨架以后肢站立着，是世界上最大的不依靠支撑物站立的恐龙展品。

制作重龙复制品

制作模子

已成化石的骨头以它们在骨架中的位置标记。每一块骨化石都刷上了一层厚厚的液体橡胶。将它们放入各自的柔韧的模子里后，橡胶被揭去。在模子的外面缠绕上棉布纱网和塑料用以加固。

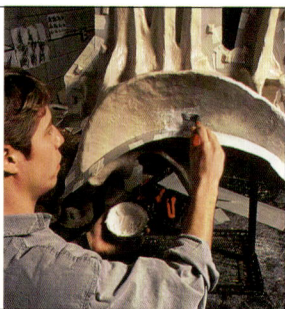

铸造准备

长肢骨的模子被制作成两半精确吻合的部分。每一半的里面都涂刷上液体塑料作为骨头复制品的外表面。模子的两半拼合在一起，其外表面使用玻璃纤维层使之硬化。

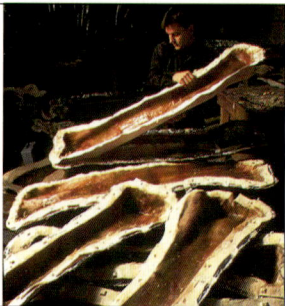

铸造模型

用另一种液体塑料将具有坚韧塑料衬里的中空模子灌满。这种材料很稳固，但是它是蜂窝状的，数以千计的气泡使得它的材质轻巧。如果没有这种固体泡沫塑料核心的加固，模子内的塑料衬里可能会碎裂。

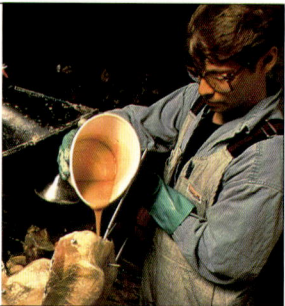

移除模子

等到里面的泡沫塑料模型硬化后，模子都将被脱离。模子和它坚硬的外套被移除，露出里面最初骨化石的形状。模型坚硬的塑料外表面被抹平，并仔细地进行漆刷，以与骨化石的颜色相匹配。

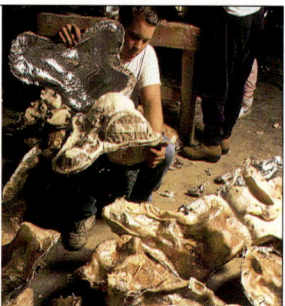

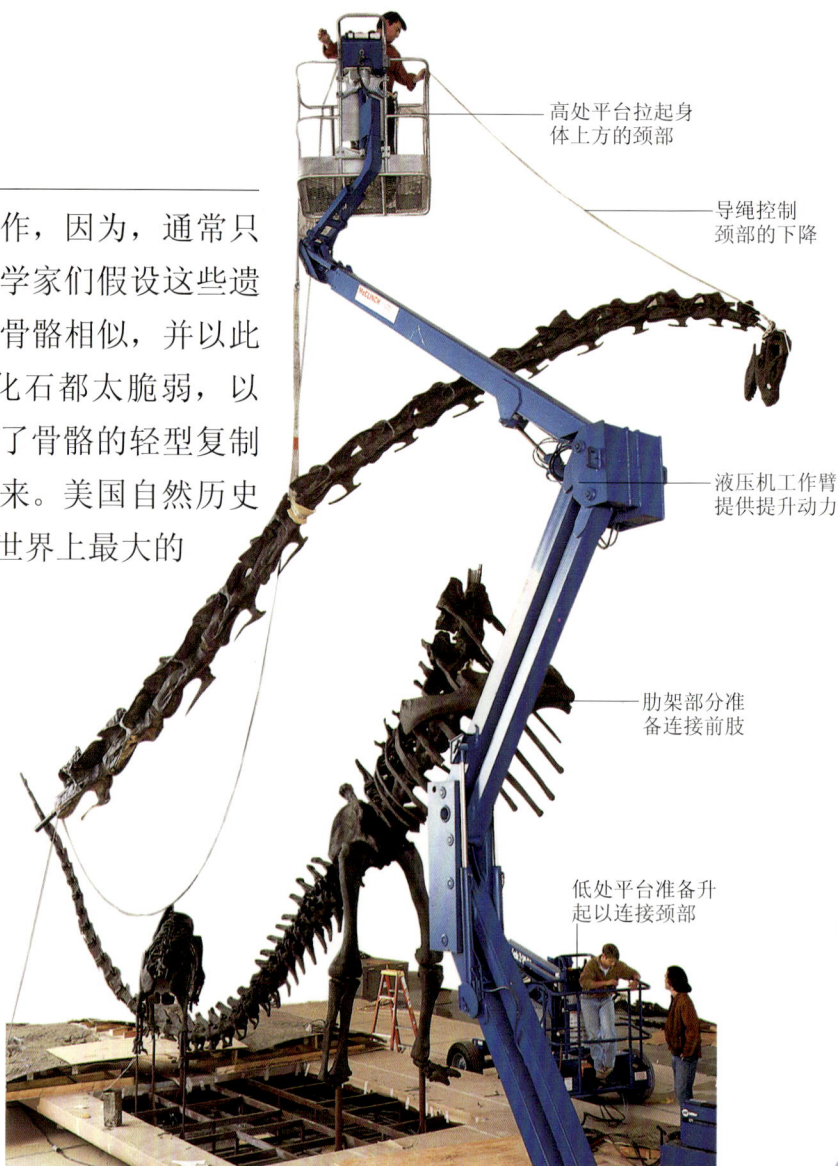

高处平台拉起身体上方的颈部

导绳控制颈部的下降

液压机工作臂提供提升动力

肋架部分准备连接前肢

低处平台准备升起以连接颈部

▲组装骨架

由于重龙骨架的头部竖起后有 15 米高，因此，骨架被安装在一个金属支架上。要用两个液压升降平台安全地进行组装。首先，将上弯的尾部连接起来。之后，尾部的金属框架被焊接到后肢的框架上。然后组装巨大的肋架。接下来是将已经组装好的头和颈部提升到身体上方。

颈部连接▶

当颈部准备好要组装连接到躯体上的时候，操作两个升降平台的工作人员需要非常紧密地协作。长长的颈部用高处平台上结实的绳子悬挂着，一点一点地下移，地面的人牵拉着绳子帮助控制颈部的移动。低处平台的工作人员引导颈部的连接杆，直到它最终正确地接入到躯体框架的管中。

上升的平台支撑着低处的组装小组

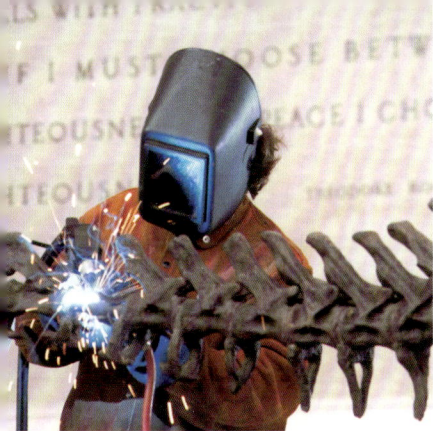

▲焊接框架

　　在整个组装过程中，焊接工人要迅速地进行焊接，以保证组合好的框架不会再断开。高温的电花可能点燃模型材料，所以要采取防护措施以免模型接触到电花。框架被焊接好后，部分复制的骨骼将组装到焊接处，这样从外观就不会看到焊接处。

颈部角度在下降——
时得到调整

工人将颈部引——
导到躯干处

——导线阻止了颈
部的四周摆动

完成品展示▲

　　当参观者刚刚进入到博物馆时，迎接他们的是一个令人肃然起敬的场景——重龙妈妈正在保护她的孩子免受凶猛的异特龙的攻击。科学家们相信在 1.5 亿年前这样的场景是会发生的，但是，我们并不能确定它是一定发生的。复制品所竖立的空地，同恐龙的骨骼一样，是通过模子制作的。首先，在蒙大拿的一处多岩地面上刷上乳胶，之后将完成的橡胶模子揭下来，就可以用来制作岩石地面的模型了。

肋架已经坚固——
地焊接到了下
方的躯体上

e ▶▶
rebuilding

重建

两足食肉恐龙

食肉恐龙的学名是兽脚类恐龙。这些凶猛的食肉动物是类蜥臀的，它们具有像蜥蜴一样排列的髋骨。耻骨向前下方延伸，坐骨伸向后下方，沿着顶部伸长的髂骨连接着后肢的肌肉。大多数的食肉恐龙都是两足的，它们用两条后肢站立和奔跑。它们中的许多，如强大的食肉恐龙恐爪龙和似鳄龙，都在前肢生有长指和爪，用来抓握和撕扯猎物。

theropods

兽脚类肉食恐龙

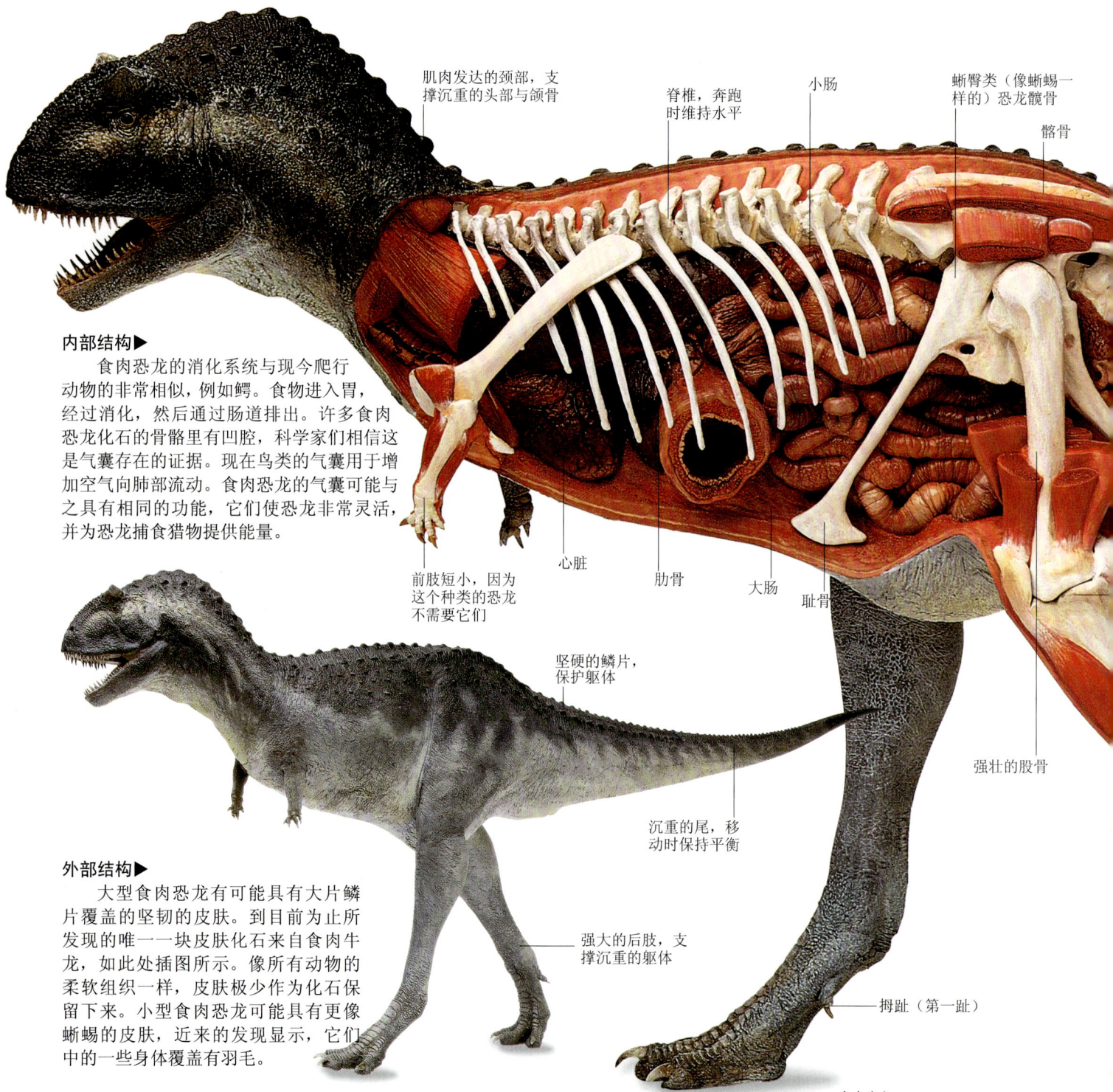

肌肉发达的颈部，支撑沉重的头部与颌骨

脊椎，奔跑时维持水平

小肠

蜥臀类（像蜥蜴一样的）恐龙髋骨

髂骨

内部结构▶

食肉恐龙的消化系统与现今爬行动物的非常相似，例如鳄。食物进入胃，经过消化，然后通过肠道排出。许多食肉恐龙化石的骨骼里有凹腔，科学家们相信这是气囊存在的证据。现在鸟类的气囊用于增加空气向肺部流动。食肉恐龙的气囊可能与之具有相同的功能，它们使恐龙非常灵活，并为恐龙捕食猎物提供能量。

前肢短小，因为这个种类的恐龙不需要它们

心脏

肋骨

大肠

耻骨

强壮的股骨

坚硬的鳞片，保护躯体

沉重的尾，移动时保持平衡

外部结构▶

大型食肉恐龙有可能具有大片鳞片覆盖的坚韧的皮肤。到目前为止所发现的唯一一块皮肤化石来自食肉牛龙，如此处插图所示。像所有动物的柔软组织一样，皮肤极少作为化石保留下来。小型食肉恐龙可能具有更像蜥蜴的皮肤，近来的发现显示，它们中的一些身体覆盖有羽毛。

强大的后肢，支撑沉重的躯体

拇趾（第一趾）

食肉牛龙

珍贵的颅骨▶

大多数恐龙的颅骨，包括食肉恐龙的颅骨，都是由薄板型骨和骨支柱组成的轻巧骨架构成的。恐龙死后不久，颅骨就将裂成碎片，并散布开来。要找到一个像这只暴龙颅骨一样完整的颅骨是非常困难的。这样的颅骨能够揭示许多关于恐龙的信息。例如，图中这只恐龙的眼睛位于面向前方的眼窝中，所以它能够准确地判断猎物的距离。

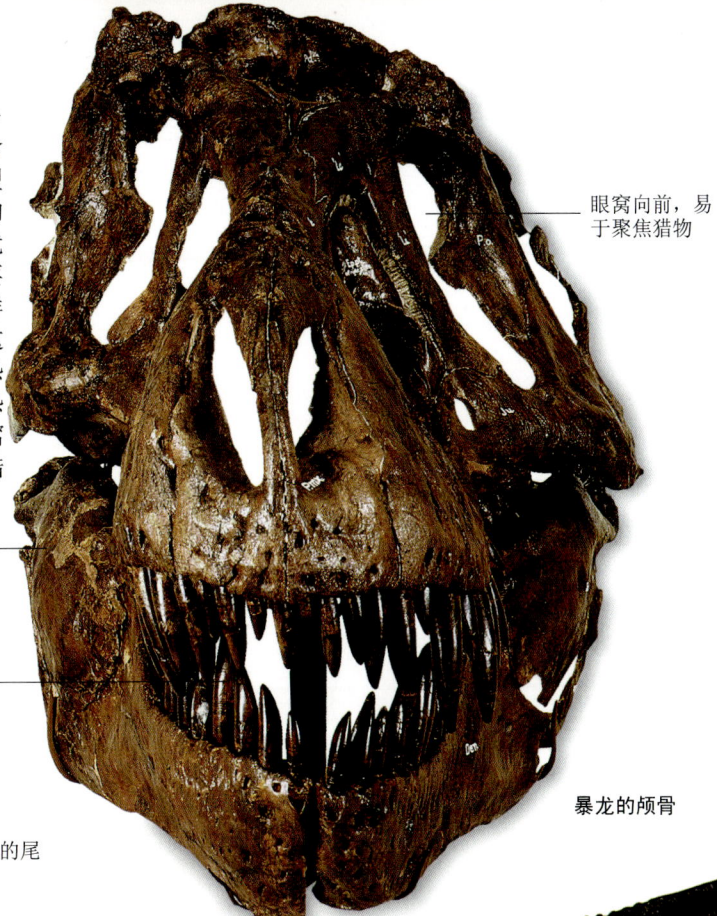

眼窝向前，易于聚焦猎物

长颌能够有效杀死猎物

非常锋利的牙齿锯齿状，用于切割肉类

暴龙的颅骨

一些兽脚类恐龙

三叠纪时期

始盗龙

侏罗纪时期

宣汉龙

角鼻龙

白垩纪时期

重爪龙

似鳄龙

恐爪龙

似鸡龙

暴龙

坐骨

脊柱骨翼形

肌肉发达的尾

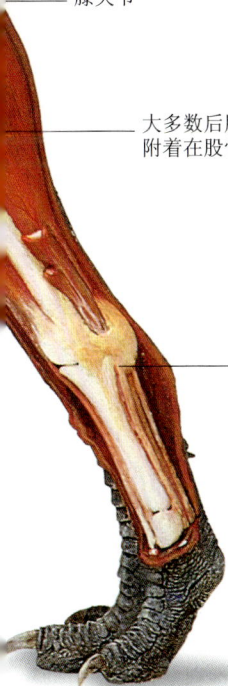

膝关节

大多数后肢肌肉附着在股骨上

踝关节

三趾足▶

兽脚类这个名字是19世纪科学家赋予食肉恐龙的，他们认为这些恐龙的足骨更类似于哺乳动物的足骨，而非像蜥脚类中蜥蜴那样的足骨，或是鸟脚类中鸟一样的足骨。一只典型的兽脚类恐龙如这只暴龙的足具有三个主要的趾——中间的三个趾。第一趾要比这三趾小得多，通常接触不到地面。第五趾只是骨上的一根裂片。

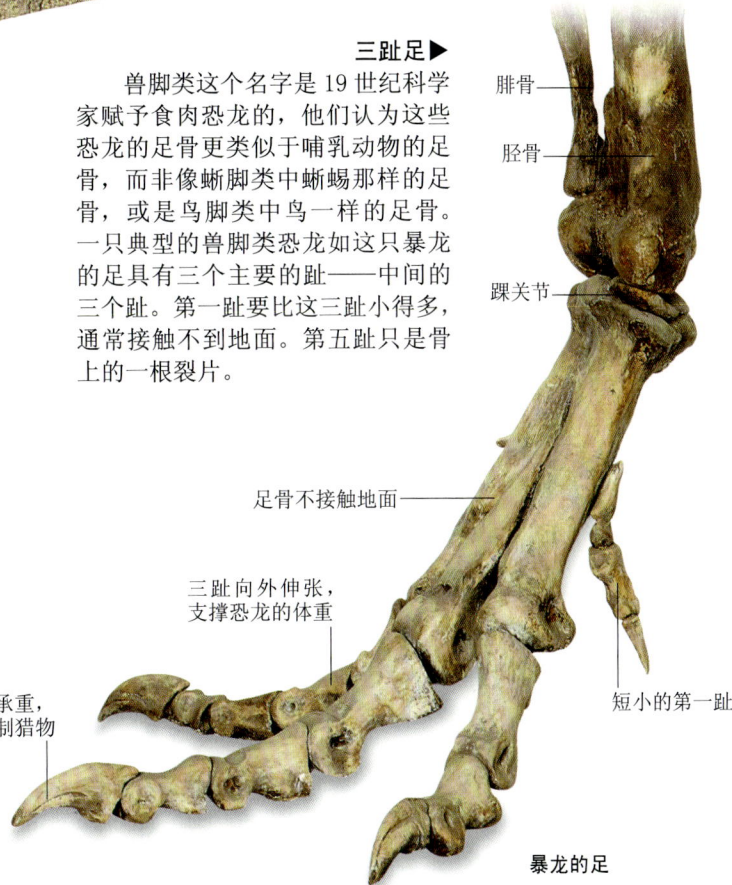

腓骨

胫骨

踝关节

足骨不接触地面

短小的第一趾

三趾向外伸张，支撑恐龙的体重

趾爪用于承重，而非压制猎物

暴龙的足

外耳

强壮的颈部肌肉发达

眼

吻

长而灵活的颈可以到达树木的顶端

长颈食草恐龙

迄今，曾生活在地球上的最大陆生动物是蜥脚类恐龙，意思是这类恐龙有着"蜥蜴一样的脚"。这些巨大的生物是长颈食草（以植物为食）恐龙。它们的头很小，有长而灵活的颈部，庞大的躯体和长长的尾巴。它们用四肢缓慢地行走，以松柏类植物和其他高大的植物为食。它们从侏罗纪早期一直延续到白垩纪晚期，生存了 1.3 亿年。足迹显示长颈食草恐龙以群居或家族为单位生活，以这种方式预防它们的表亲——大型食肉恐龙的袭击。

强韧的腱，支撑颈部的重量

厚而有鳞的皮肤

▼内部结构

食草动物需要一套复杂的消化系统来消化食物。长颈食草恐龙，如腕龙，不能咀嚼，所以，它们将植物完全吞食，在胃里把食物磨碎。它们也吞食胃石（"胃里的石头"），胃石可以在胃里搅拌植物，将它们磨碎成小的、更易于消化的碎片。

外部结构▶

长颈食草恐龙像蜥蜴一样的髋部使得它的庞大的消化系统位置很靠前。这就意味着这种动物不能够只用它的两条后肢来维持平衡。一些像这样的恐龙，如图中所示的腕龙，有两条很长的前肢，而其他的恐龙，如迷惑龙，就没有这样的前肢。长颈食草恐龙的皮肤类似于大象的皮肤，或者可能有鳞。一些长颈食草恐龙在后背还有刺或嵴，作为装饰或炫耀。

食管（食道）

巨大的肺

大象一样的足

腕龙

肩关节

心脏

原蜥脚类恐龙

最早的长颈食草动物是原蜥脚类恐龙，意思是"蜥脚之前的"。原蜥脚类恐龙在三叠纪晚期进化，灭绝于侏罗纪早期。它们包括的范围很广，有的如兔子般大小，体态轻巧，能够靠后肢奔逃；也有的如大象一样沉重而庞大，看起来就像后期的蜥脚类恐龙一样。近蜥龙是一个典型的例子，而且它的体积大约与人类一样。它有时以后肢站立，但是通常用四肢一起运动。最早的原蜥脚类恐龙是蜥脚类恐龙的祖先。

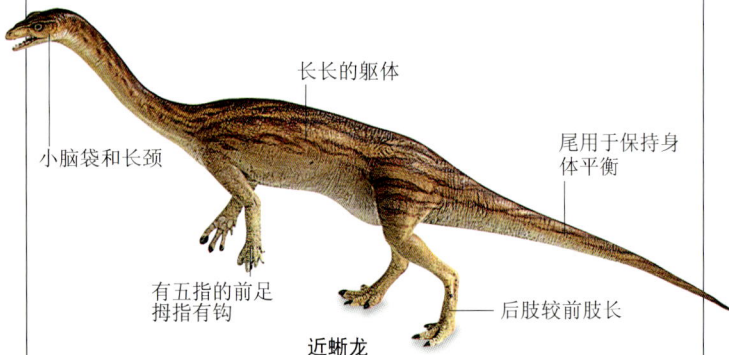

长长的躯体

尾用于保持身体平衡

小脑袋和长颈

砂囊装有用来粉碎食物的胃石

肘关节

有五指的前足拇指有钩

后肢较前肢长

近蜥龙

腿骨直且垂直于地面，支撑躯体的重量

腕龙

一些长颈食草恐龙

火山齿龙

巨脚龙

▼用于采集食物的牙齿

蜥脚类恐龙采集并吞食食物，而不咀嚼食物。它们必须不停地进食以维持庞大的身体。梁龙的牙齿形状像钉子，在颌前端像把耙一样排列。圆顶龙的牙齿更像匙，长满颌的大部分地方。这两种牙齿都适用于将食物从树上扯下来。

钉形牙

梁龙的颅骨

匙状牙

圆顶龙的颅骨

▲梳整齿

梁龙紧密牙齿上的磨损向我们揭示了这种恐龙是如何进食、吃的是什么。这只颅骨的角度、颈部的长度和牙齿上不同类型的磨损告诉我们梁龙可能以两种方式进食。有时它会够到树的顶端，食用树顶的叶子；有时也会食用身体周围或近地面生长的矮小植物。

重龙

地震龙

圆顶龙

巨龙

萨尔塔龙

柱状四肢▶

一些蜥脚类恐龙有100吨重，大约与蓝鲸等重。它们的四肢要足够强壮才能支撑起它们的体重。它们以趾尖行走，但是，在离开地面的趾的下方有一块楔形软骨。它将体重分散，把压力从趾上移走。大象就具有这种类型的足，其原因也正是如此。

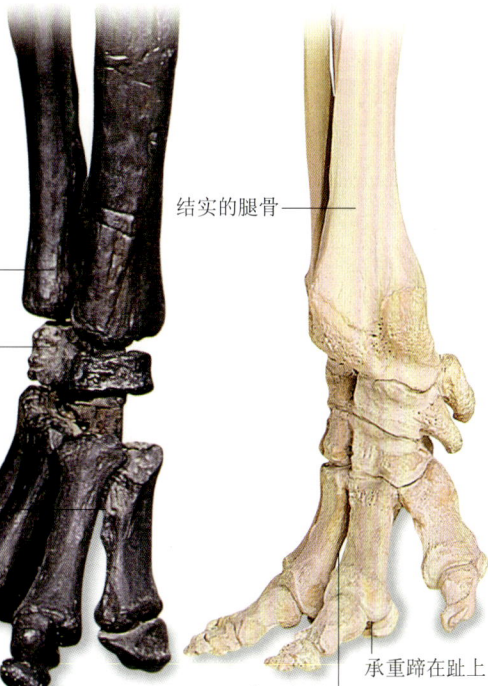

结实的腿骨

巨大的腿骨

致密的腕关节

掌骨（前脚骨）几乎垂直

指骨平放于地面

楔形软骨位于掌骨下方

承重蹄在趾上

梁龙的前足

大象的前足

大肠巨大，用来处理消化的植物纤维

小肠

蜥臀类（像蜥蜴一样的）髋部

长尾远离地面，保持平衡

强健的肌肉支撑体重

耻骨

踝关节

sauropods

蜥脚类恐龙

两足食草恐龙

除了巨型食草恐龙，还有一些其他的较小的食草恐龙群体，包括鸟脚类恐龙。这些成功的、广泛分布的恐龙首次出现是在 2 亿年前的侏罗纪，并繁荣于白垩纪。它们具有鸟臀样（像鸟一样）髋骨和位置很靠后的庞大的草食消化道。这样的构造使得这些恐龙可以用它们的后肢行走或逃离危险。与蜥臀类不同，它们的牙齿和颌适于咀嚼植物。

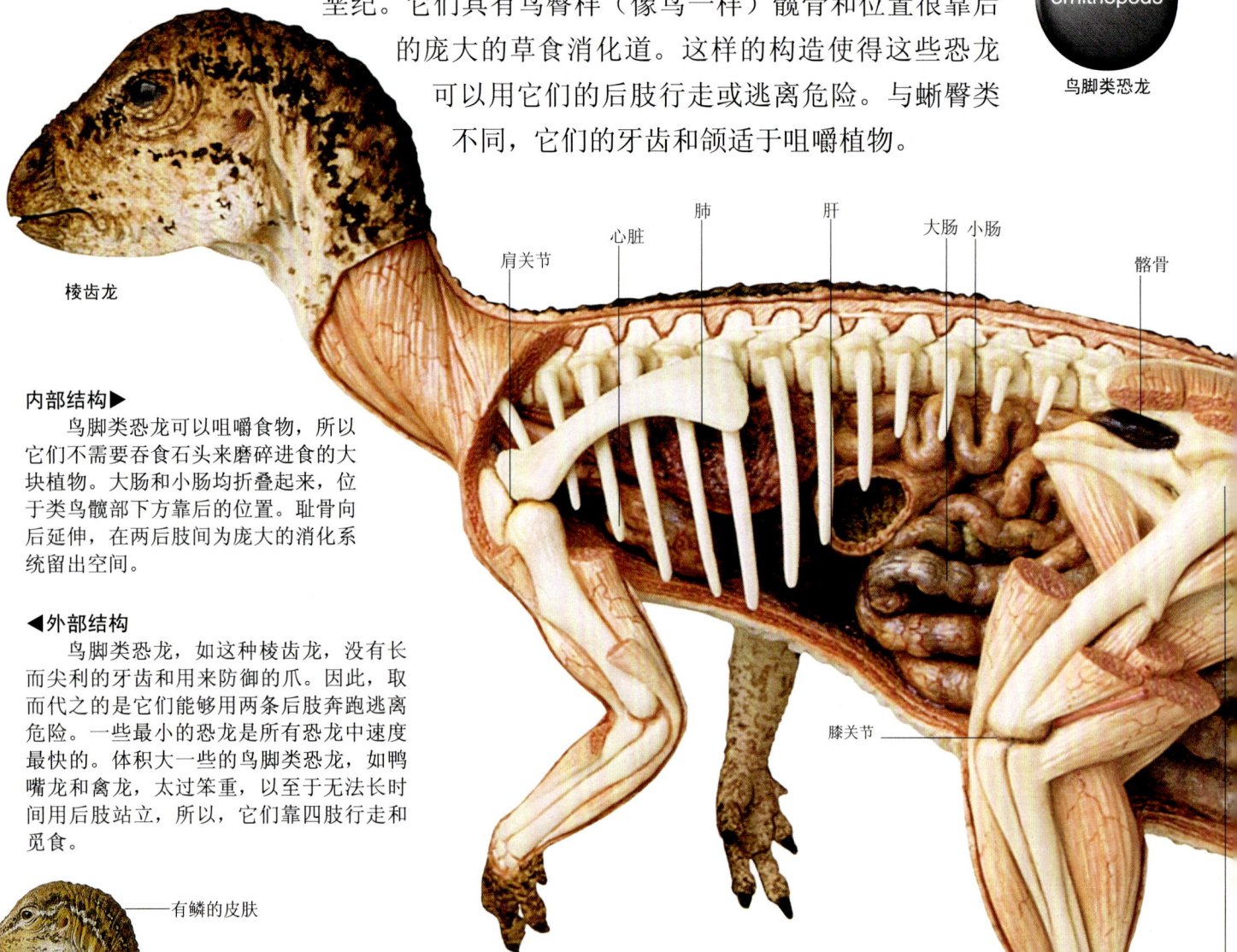

ornithopods

鸟脚类恐龙

棱齿龙

肩关节　心脏　肺　肝　大肠 小肠　髂骨

内部结构▶

鸟脚类恐龙可以咀嚼食物，所以它们不需要吞食石头来磨碎进食的大块植物。大肠和小肠均折叠起来，位于类鸟髋部下方靠后的位置。耻骨向后延伸，在两后肢间为庞大的消化系统留出空间。

◀外部结构

鸟脚类恐龙，如这种棱齿龙，没有长而尖利的牙齿和用来防御的爪。因此，取而代之的是它们能够用两条后肢奔跑逃离危险。一些最小的恐龙是所有恐龙中速度最快的。体积大一些的鸟脚类恐龙，如鸭嘴龙和禽龙，太过笨重，以至于无法长时间用后肢站立，所以，它们靠四肢行走和觅食。

膝关节

鸟臀样（像鸟一样）髋部

有鳞的皮肤

喙

颊用于咀嚼食物

沉重的尾保持身体平衡

踝关节

强有力的足骨支持直立姿态

有四指的前足

三趾类鸟足

棱齿龙

一些两足食草恐龙

短冠龙的颅骨

眼窝

鼻孔或鼻腔

上喙从植物上收集叶子

下喙

颌铰合部

侏罗纪时期

异齿龙

橡树龙

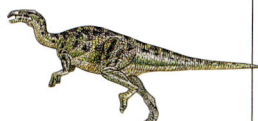

弯龙

白垩纪时期

禽龙

无畏龙

慈母龙

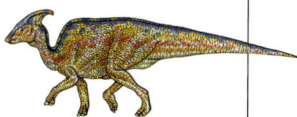

副栉龙

赖氏龙

奔山龙

奇异龙

▲无齿喙和颊齿

这只短冠龙的颅骨显示这是一只能够咀嚼食物的动物。鸟脚类恐龙能够用最前端的类鸟无齿喙采集有叶植物。颅骨两侧的成排的牙齿说明嘴的后半部分包围在突出的颊部中。食物储存在颊部，并被嵴状的颊齿研磨。这一过程将食物磨碎成浆状，以备吞咽和消化。

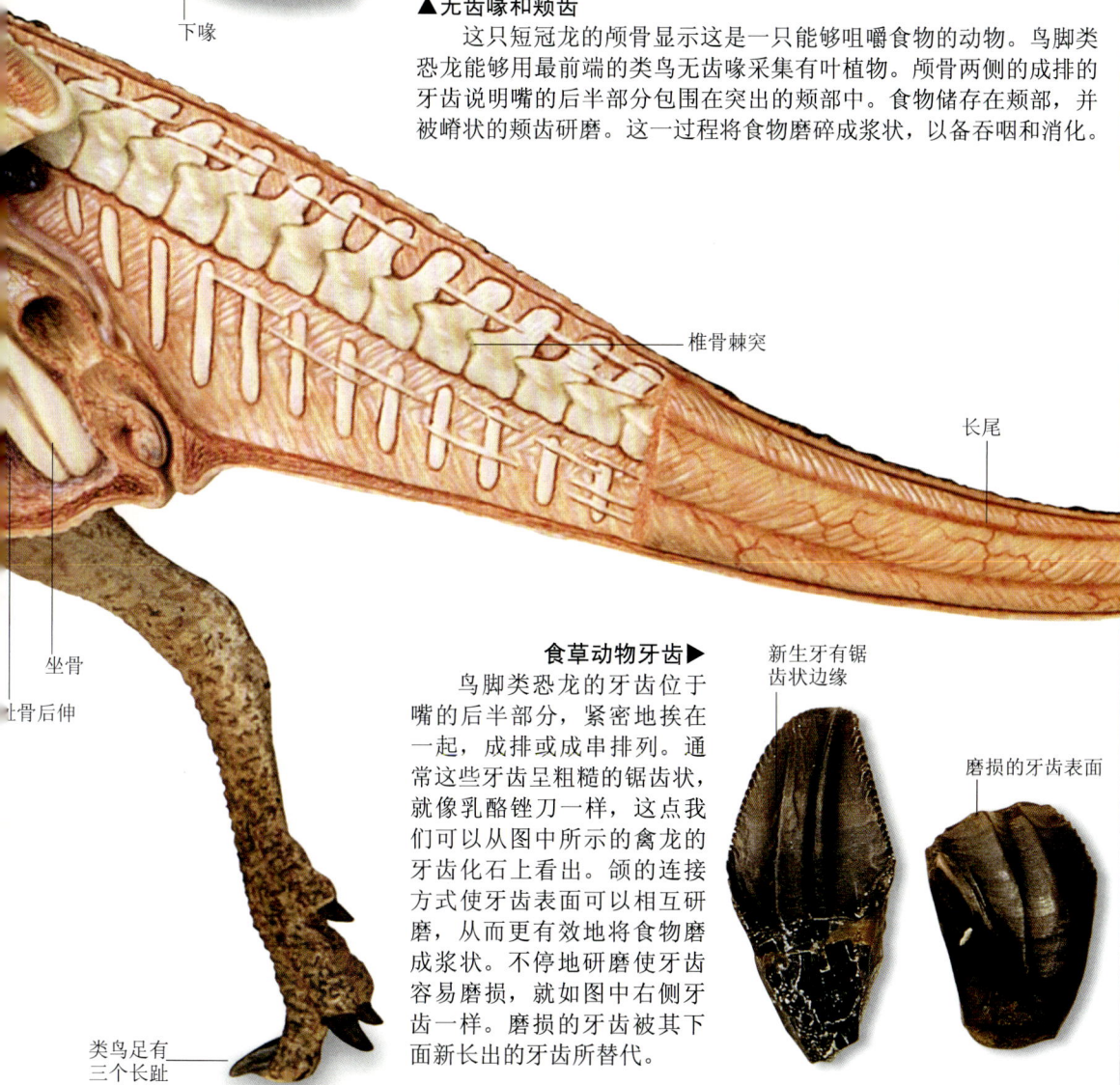

椎骨棘突

长尾

坐骨

耻骨后伸

类鸟足有三个长趾

食草动物牙齿▶

鸟脚类恐龙的牙齿位于嘴的后半部分，紧密地挨在一起，成排或成串排列。通常这些牙齿呈粗糙的锯齿状，就像乳酪锉刀一样，这点我们可以从图中所示的禽龙的牙齿化石上看出。颌的连接方式使牙齿表面可以相互研磨，从而更有效地将食物磨成浆状。不停地研磨使牙齿容易磨损，就如图中右侧牙齿一样。磨损的牙齿被其下面新长出的牙齿所替代。

新生牙有锯齿状边缘

磨损的牙齿表面

禽龙的牙齿

披甲带角的恐龙

三大食草恐龙都具有良好的装备来保护自己，抵御袭击，一些体型较大的食草恐龙还能够抵御最凶猛的食肉恐龙。带骨板的剑龙主要生活在侏罗纪，它们长有骨质背板和尾刺。长有角的角龙类恐龙生活在白垩纪末期，它们突变生出沉重的颈甲和一列角。带甲的甲龙类恐龙是最后出现的恐龙之一，它们拥有覆盖着甲板和角板的背部。

◀外部结构

笨重的有角、带甲或披甲恐龙用四足行走。它们的后肢比前肢强大，这说明这些恐龙是由早期两足类型进化而来，可能与鸟脚类恐龙相似。像鸟脚类恐龙一样，它们具有适于咀嚼的嘴，有着能够切碎或研磨食物的牙齿。而且它们嘴的前端具有喙，两侧有颊。它们中的大多数都在体表具有镶嵌着钉状突起的盔甲或称为鳞甲的平板。

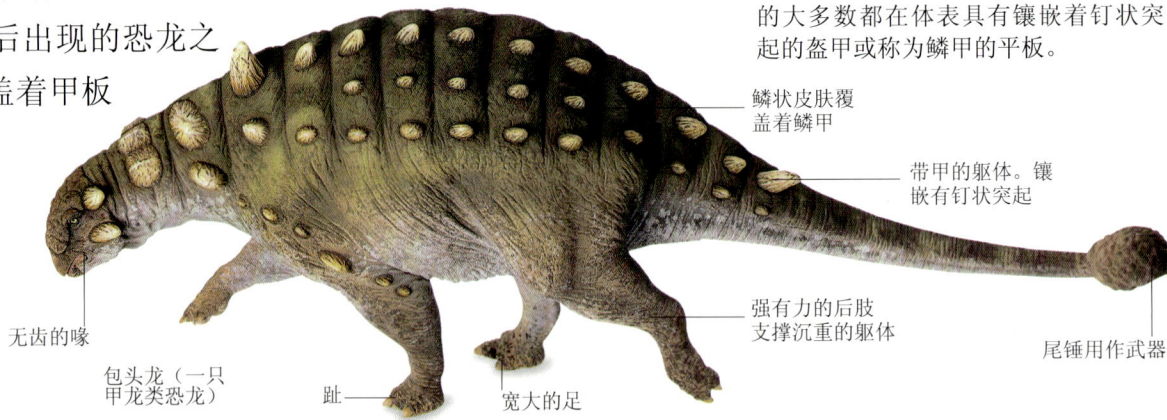

鳞状皮肤覆盖着鳞甲

带甲的躯体。镶嵌有钉状突起

强有力的后肢支撑沉重的躯体

尾锤用作武器

无齿的喙

包头龙（一只甲龙类恐龙）

趾

宽大的足

内部结构▶

所有的具甲恐龙都有鸟臀样的髋部。像鸟脚类恐龙一样，它们的草食性消化道在体内的位置靠后，但是，通常情况下它们的甲使得自身非常笨重，以至于不能够以两足站立。它们的武器，如角、骨板和尾锤，都是由强健的肌肉来支持，这就意味着在进行自我防御时，这些武器能够被很好地利用。发达的四肢肌肉要用来支撑沉重的躯体。

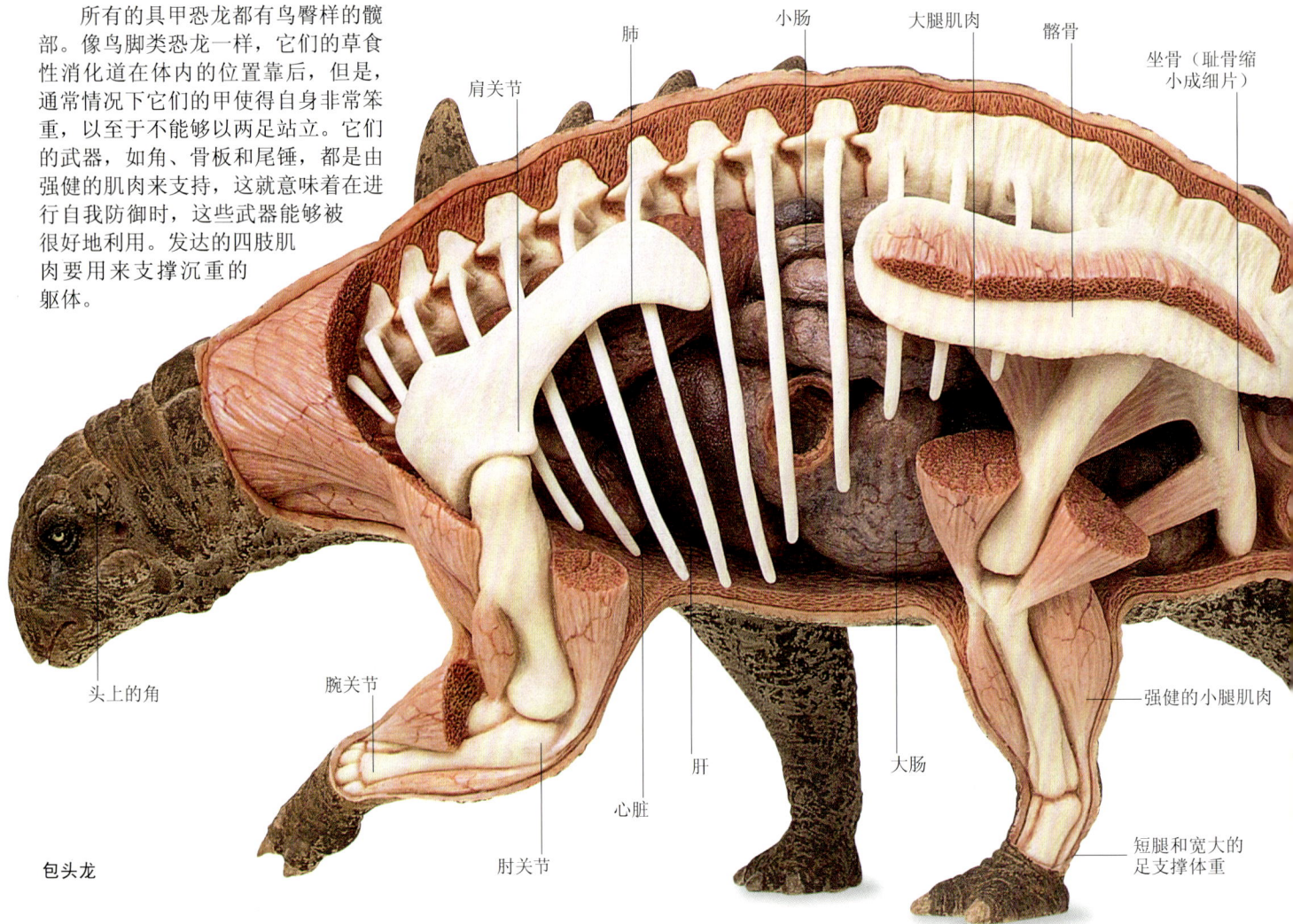

肺

小肠

大腿肌肉

髂骨

坐骨（耻骨缩小成细片）

肩关节

头上的角

腕关节

强健的小腿肌肉

肘关节

心脏

肝

大肠

短腿和宽大的足支撑体重

包头龙

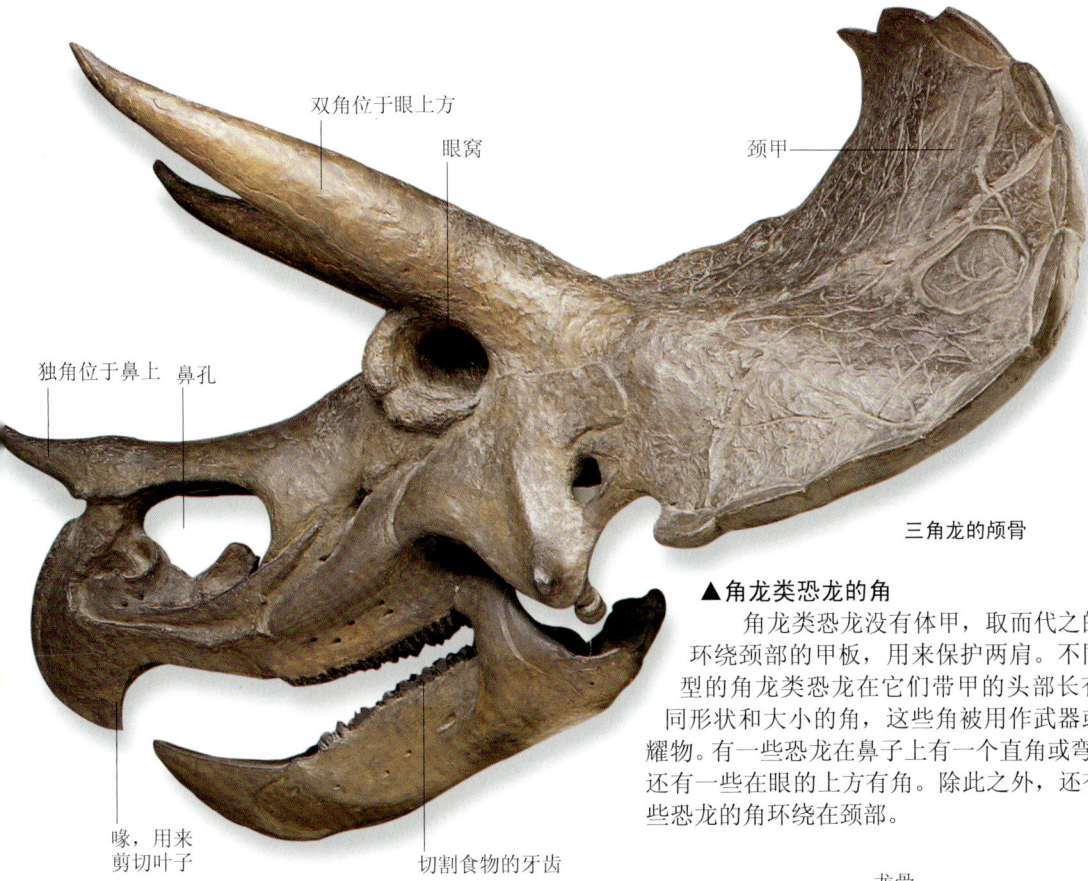

双角位于眼上方

眼窝

颈甲

独角位于鼻上 鼻孔

喙，用来
剪切叶子

切割食物的牙齿

三角龙的颅骨

▲角龙类恐龙的角

角龙类恐龙没有体甲，取而代之的是环绕颈部的甲板，用来保护两肩。不同类型的角龙类恐龙在它们带甲的头部长有不同形状和大小的角，这些角被用作武器或炫耀物。有一些恐龙在鼻子上有一个直角或弯角。还有一些在眼的上方有角。除此之外，还有一些恐龙的角环绕在颈部。

protection

保护

甲龙类恐龙的鳞甲▶

甲龙类恐龙在它们的头部、颈部、背部和尾部皮肤中都埋有甲。它们的甲都镶嵌有钉状突起和鳞片。这些鳞片是板状骨块，覆盖于角间，通常沿着中轴有龙骨（隆起线）。有一些在肩部有突刺。其他的，如包头龙，在它们尾的末端有尾锤。大型的甲龙类恐龙甚至还有具甲的眼睑。

龙骨

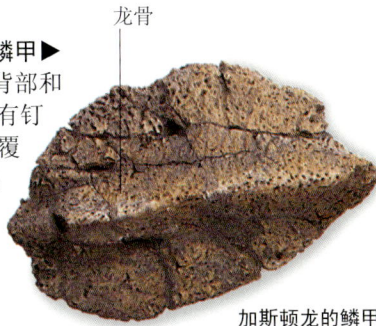

加斯顿龙的鳞甲

◀剑龙的甲板

剑龙在它们的背部有两行成串竖立的平板和突刺。这些平板位于角间，拥有刀片一样的边缘和尖端，用来进行防御。或者这些平板覆盖有皮肤，用于热量交换。将这些平板转向太阳，阳光会温暖它们的血液，进而温暖剑龙。将平板转向风，则它们会冷却下来。

剑龙的甲板

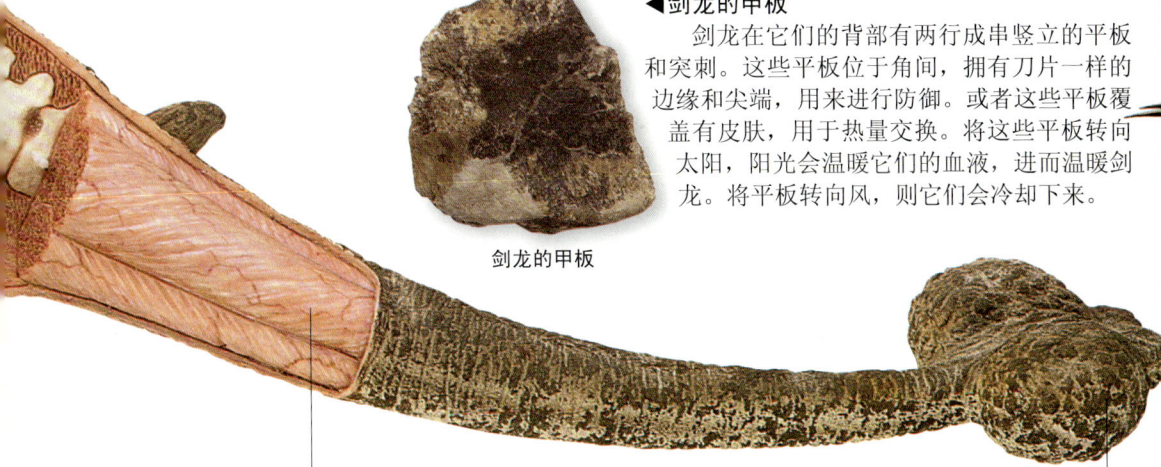

发达的肌肉支持
尾端沉重的尾锤

加厚的骨
使尾成锤状

侏罗纪时期

肢龙

剑龙

白垩纪时期

棘甲龙

原角龙

戟龙

五角龙

甲龙

三角龙

运动

没有人见过运动中的恐龙。但是，骨骼化石中的骨头和关节可以给我们提供有关恐龙是如何运动的线索。骨头上的痕迹能够显示肌肉的附着位置。骨间的关节连接（骨与骨之间的移动方式）可以显示出它们的四肢是如何屈伸的，以及当四肢伸直时可以够到多远。足的大小可以显示这只恐龙是一个慢速行走者（大而笨重的足），还是一个快速奔跑者（轻巧的足）。最重要的是，科学家们可以通过比较恐龙和现代动物的解剖结构与生活方式来获得更多关于恐龙的信息。

▲ 鸵鸟的奔跑姿态
　　与恐龙有相同奔跑姿态的现代动物是一些不会飞翔的鸟类，如鸵鸟（上图所示）或三趾鸵鸟。像恐龙一样，在奔跑中它们保持身体的水平，将头高高抬起。它们长长的后肢、肌肉发达的大腿和轻巧的足都与它们的兽脚类祖先极其相似。

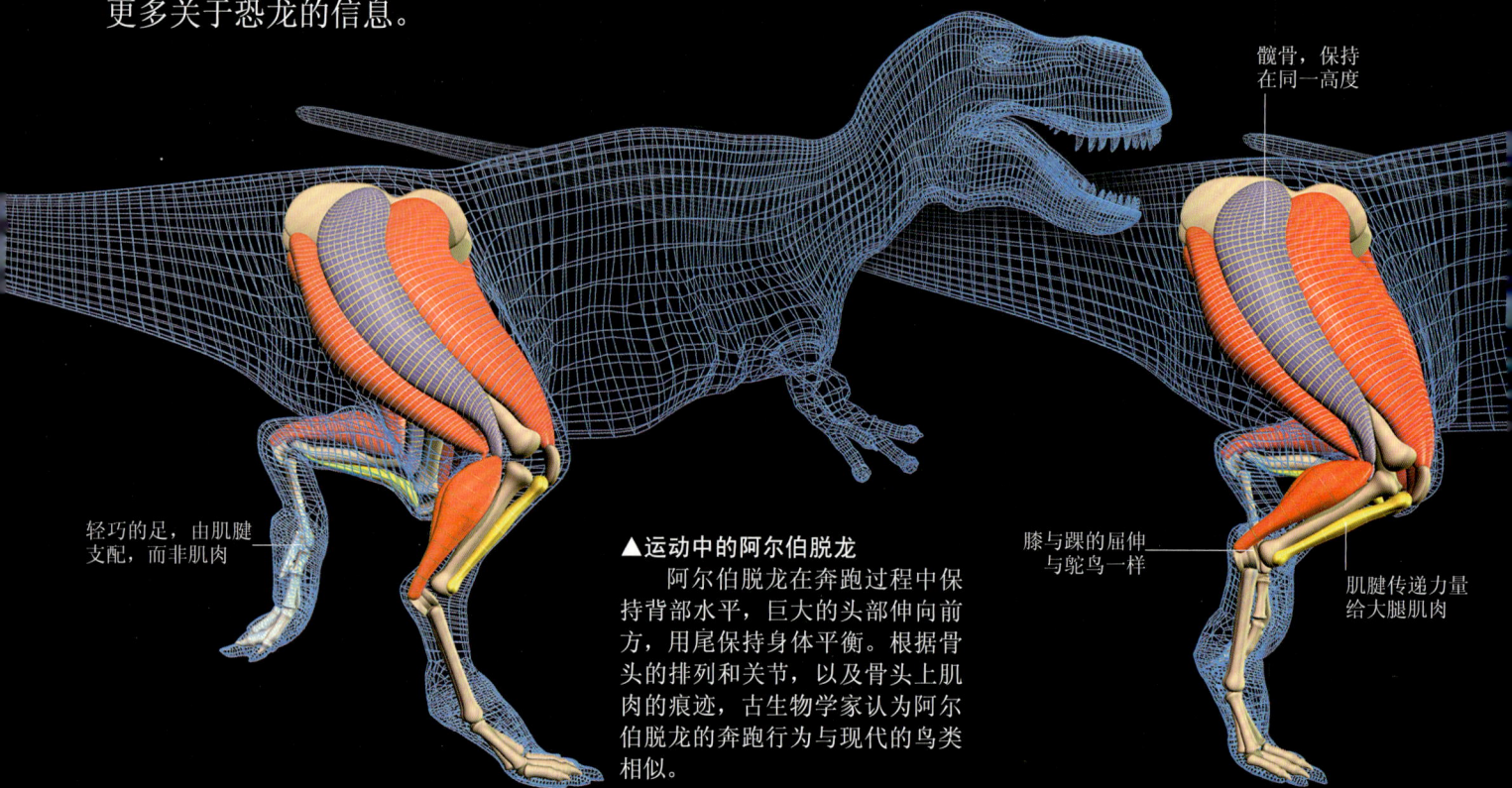

髋骨，保持在同一高度

轻巧的足，由肌腱支配，而非肌肉

膝与踝的屈伸与鸵鸟一样

肌腱传递力量给大腿肌肉

▲ 运动中的阿尔伯脱龙
　　阿尔伯脱龙在奔跑过程中保持背部水平，巨大的头部伸向前方，用尾保持身体平衡。根据骨头的排列和关节，以及骨头上肌肉的痕迹，古生物学家认为阿尔伯脱龙的奔跑行为与现代的鸟类相似。

暴龙是如何站立的？

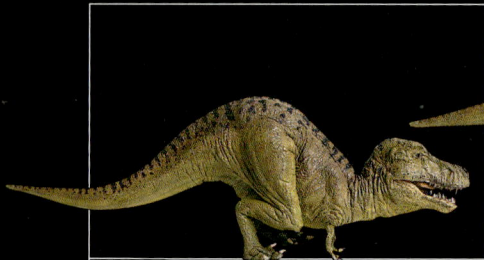

身体撬起
　　髋骨的形状说明暴龙是以腹部平卧的方式休息的。当处于这种体位时，髋部的重量将由耻骨宽大的"靴状"末端支撑。那么，暴龙是如何站立起来的呢？它很可能将细小的前肢作为自身的杠杆。

向前探身
　　当暴龙伸直后肢站立起来的时候，可能存在着向前跌倒和沿地面滑倒的危险。但是，短小的前肢可以抓住地面，避免这种危险的发生。如果头部向后仰，重心就会向髋部后移。

直立姿态
　　暴龙通常的姿态是身体保持水平，头部前伸，身后的尾提供平衡。这样，它就成为了一个用强有力后肢行进的可怕的战斗机器，用它的主要武器——牙齿进行攻击或防御。

锋利的牙齿含在颌中

硬直的尾，像走钢丝表演者的平衡杆

带爪的前肢掌向内，以便抓握

锋利的爪长于后足

◀攻击姿态

恐爪龙的每一块骨头、每一个关节和骨架的每一个细节都显示出它是一个可怕的杀手。它像猛禽一样轻，敏捷而迅速。它用带爪的适于抓握的前肢、锋利的牙齿和能够给任何猎物造成严重伤害的猎杀趾钩来武装自己。同时，它的后肢生来就是为了快速奔跑，它的尾能够很好地控制平衡。相对的大容量的脑说明它在捕食猎物的时候，会使有一些狡猾的伎俩。确实是一种可怕的猛兽！

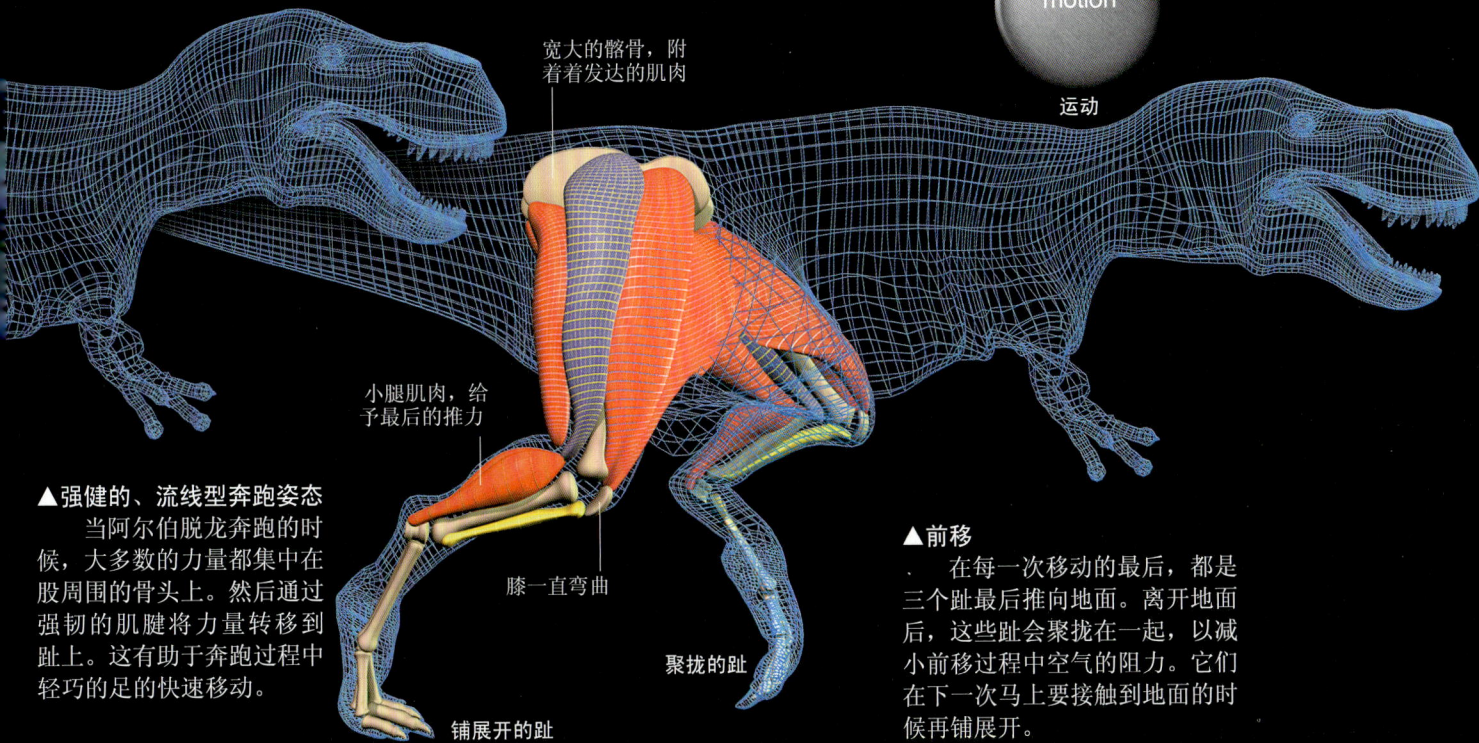

e▶▶
motion

运动

宽大的髂骨，附着着发达的肌肉

小腿肌肉，给予最后的推力

▲强健的、流线型奔跑姿态

当阿尔伯脱龙奔跑的时候，大多数的力量都集中在股周围的骨头上。然后通过强韧的肌腱将力量转移到趾上。这有助于奔跑过程中轻巧的足的快速移动。

膝一直弯曲

聚拢的趾

铺展开的趾

▲前移

在每一次移动的最后，都是三个趾最后推向地面。离开地面后，这些趾会聚拢在一起，以减小前移过程中空气的阻力。它们在下一次马上要接触到地面的时候再铺展开。

▲行走的骨架

在 2001 年，华盛顿特区史密森尼研究院不得不更换其著名的三角龙骨架。这具骨架已经站立了一个世纪，现在已经变质了。为了进行骨架重建，每一块骨头都经过测量，并在计算机上构建了一个虚拟的骨架。这不仅有助于骨架模型的准备，也向人们栩栩如生地展示了一只活着的三角龙是如何行走的——四肢是如何摆动的、头部的姿势如何，以及怎样用尾控制平衡。

四肢交替移动

只有两只足同时离地

进食

纵观恐龙时代，所有的恐龙群落都是由植食者（食草恐龙）和肉食者（食肉恐龙）构成。不同的恐龙有着不同的饮食习惯。大型食草恐龙，如蜥脚类恐龙，大肆咀嚼树木顶端的枝叶。较小的植食者非常适于咀嚼较低的植物，或进食地被植物。大型食肉恐龙和中型成群捕猎的恐龙猎食其他恐龙。较小的肉食者捕食蜥蜴和昆虫等动物。

特殊的牙位于颊内用于研磨食物

▲ 树顶嫩叶摄食者

重 40 吨的重龙不仅仅是侏罗纪时期体重最重的蜥脚类恐龙之一，同时，它也是拥有最长颈部的恐龙之一。一只完全成年的重龙从鼻子到尾巴大约有 27 米长。它的颈部占身体全长的三分之一。为什么会有这样长的脖子呢？人们认为重龙是为了伸长脖子去摄取那些脖子较短的植食者无法够到的叶子。

重龙的重心靠近髋部

长尾，可能被用作支柱

重龙前肢短，后肢长。这意味着它的躯体的前半部分重量较轻。所以，它可以以后肢着地，向后摆动，将轻的前肢从地面提起，以便能够摄食地上高达 15 米的植物。在做这种伸展姿势的时候，它可以用尾巴支撑身体的部分重量。重龙不能够长时间处于这种直立姿势，因为它的骨头和肌肉会因此而过度疲劳。

长颈，由拉伸的肌腱支持

前肢比后肢短

三角龙的喙因为它的粗糙饮食而磨损，但在它的一生中会持续生长

▲ 低处嫩叶摄食者

三角龙生活在 7000 万年前的白垩纪末期。它以这个时期刚出现的有花植物为食，如木兰、栎树和月桂树。三角龙用它锋利的喙将叶子、嫩枝和树皮剪下。它能够摄食地上 3 米高的植物。只有更高的植物才能逃过它惊人的食欲。三角龙群居，在森林以及河流和沼泽的边缘牧食。

食草恐龙的嘴

异齿型

异齿龙有三种牙齿。上颌前端的切齿用来切割植物。长尖牙用来防御。凿状齿用来磨碎植物。

混合膳食型

埃德蒙顿龙有一个宽大的吻，用它采集满满一口的各种植物。它用无齿的喙将食物吃到嘴里，用颊齿切碎和咀嚼食物。

挑剔型

棱齿龙有高崤状的颊齿，使它能够高效地咀嚼粗糙的植物。它狭窄的嘴可以帮它挑选要摄取的植物。

尾部在四脚着地时离开地面

feeding

进食

白垩纪食物链

任何一个动物群落都有捕食者和猎物的食物链。相互连接的食物链形成一个食物网。这个简图向我们展示了在白垩纪晚期北美洲西部捕食者和被捕食者的关系。箭头指向捕食者。食物链最终端的捕食者是暴龙，但是，最终所有的恐龙都依赖于植物。

食物链图例
- 昆虫的食物
- 蜥蜴的食物
- 食草恐龙的食物
- 似鸟龙的食物
- 奔龙的食物
- 暴龙的食物

植物

昆虫

蜥蜴

肿头龙

甲龙

角龙

鸭嘴龙

似鸟龙

奔龙

暴龙

消化系统

食肉恐龙和食草恐龙很容易区分。它们的颌骨与牙齿都不同。此外，由于它们的消化系统不同，因此，它们的体型也是不同的。食肉恐龙的消化系统要比食草恐龙的简单得多，它们的髋骨排列也不同。这两个特征就意味着，食肉兽脚类恐龙有两条腿，食草蜥脚类恐龙有四条腿，而食草鸟脚类恐龙可以用两条后肢运动，也可以用四肢一起运动。

薄刀片样的牙齿

牙刃上的锋利的锯齿

▲食肉恐龙锯齿状的牙齿

食肉恐龙，如暴龙，它们的牙齿就像是切肉排的刀。牙齿窄长如刀片一样，用来切割肉食，也会被用来切开猎物。它的边缘有许多小锯齿，像一把锋利的锯一样，用来撕扯强韧的肌肉和肌腱。食肉恐龙的牙齿磨损很快，并且很容易损伤。如果恐龙用牙使劲地嚼骨头，它会被折断。在食肉恐龙的颌内，其他的牙齿在持续地生长，并替代那些损坏的牙齿。

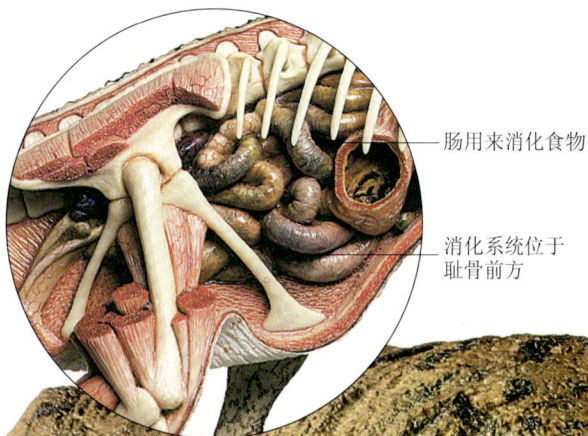

肠用来消化食物

消化系统位于耻骨前方

宽大的颌，用来吞食大肉块

锋利的牙齿，向后弯曲以衔住猎物

颌咬合部

食肉恐龙用来撕扯猎物的颌▲

食肉恐龙颅骨的排列，如图中所示的异特龙的颅骨这样，以便可以前后移动。这种移动可以使两排牙齿相互剪切交错，将齿间猎物的肉撕裂。牙齿像倒钩一样向后弯曲，以免颌内的食物漏出。颅骨和颌轻巧的格状结构意味着嘴的两侧可以向外移动。这会增加嘴的宽度，以便食肉恐龙能够吞咽巨大的食物。

暴龙

肉和骨头被一起吞食

◀食肉恐龙的胃

很少有化石能够显示出恐龙的内部构造。但是，食肉恐龙的消化系统可能非常简单，而且与恐龙整体体积相比，它非常小。肉类没有粗纤维，所以它易于消化，而且食肉恐龙不需要食草动物那样庞大的消化道来处理食物。几乎所有的食肉恐龙的消化系统都位于其蜥蜴样髋部耻骨的前方。这样紧凑的排列使恐龙在追逐猎物时可以快速地移动。

feeding

进食

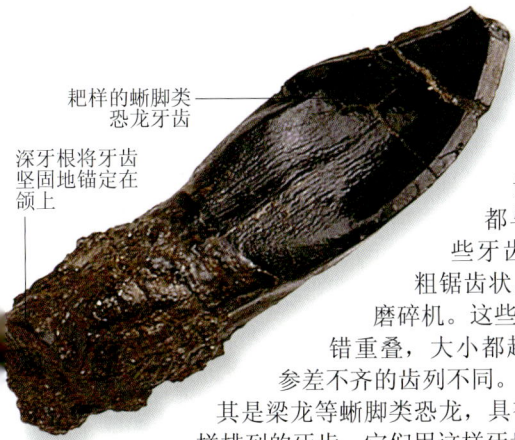

耙样的蜥脚类
恐龙牙齿

深牙根将牙齿
坚固地锚定在
颌上

◀食草恐龙的牙齿

不同类型食草
恐龙有不同类型的牙
齿，但是，它们的牙齿
都与食肉恐龙的不同。有
些牙齿，如禽龙的牙齿，呈
粗锯齿状，就像用来粉碎植物的
磨碎机。这些锯齿有轻微扭曲，并交
错重叠，大小都趋于一致，与食肉恐龙
参差不齐的齿列不同。其他一些食草恐龙，尤
其是梁龙等蜥脚类恐龙，具有像园艺耙子的耙齿一
样排列的牙齿。它们用这样牙齿采集食物，而非咀嚼。

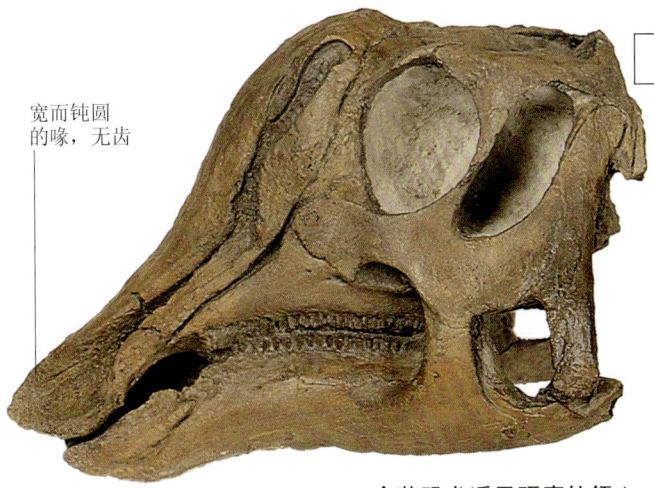

宽而钝圆
的喙，无齿

食草恐龙适于研磨的颌▲

这是一只年轻的赖氏龙的颅骨，它向我们展
示了典型的鸟脚类恐龙颅骨的特征。嘴的前端有
喙，用来剪切嫩枝和采集植物。嘴里牙齿的位置
显示嘴的两侧有颊窝。牙齿成排或成组排列，
互错滑动进行研磨，将颊里的食物研
磨成浆。颌咬合的角度可以使咀嚼
肌更高效地工作。

被磨光的表面因
相互研磨而形成

高效研磨的
牙齿

颊，咀嚼时
放置食物

比蜥脚类
短的颈部

▲胃石

蜥脚类恐龙总是在不停地从树上采集树叶
并吞食掉。它们从不咀嚼，因为它们的牙齿不
适于进行咀嚼。所以，为了粉碎食物，食草恐
龙吞食石头。这些石头聚集在胃里一个被称作
砂囊的地方，砂囊就像一台研磨机，食物在这
里被捣碎。有时，蜥脚类恐龙的骨骼中会发现
一些磨光的石头，即胃石。现在的素食鸟类，
如鸡，吞噬沙粒也是为了研磨食物。

蜥脚类恐龙胃部特点

蜥脚类恐龙，如图中的腕龙，它的
消化系统比食肉恐龙的要大得多。它需
要巨大的消化道来粉碎吞食的植物纤
维。蜥脚类恐龙也有砂囊，在这里，胃
石先将食物粉碎，然后再送入胃里。所
有消化系统都放置于耻骨的前方，这也
是为什么大多数蜥脚类恐龙不能够长时
间以两条后肢站立的原因。

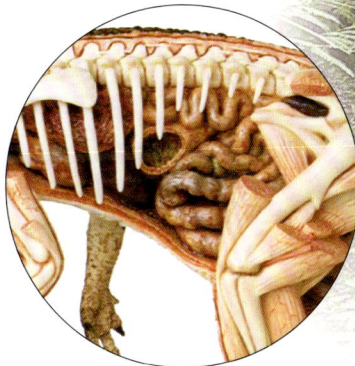

肺

砂囊中含有胃石

小肠

耻骨

大肠

▲鸟脚类恐龙的胃部

两足鸟脚类恐龙的消化系统比
食肉恐龙的大得多，更像蜥脚类恐
龙的消化系统。但是，与蜥脚类恐
龙不同，它在体内的位置很靠后，
且耻骨独特地向后延伸。这意味着
这类恐龙的重心更靠近于髋部，它
们能靠两条后肢来回运动。这类恐
龙没有砂囊。它们具有高效的咀嚼系统，
所以不需要胃石。

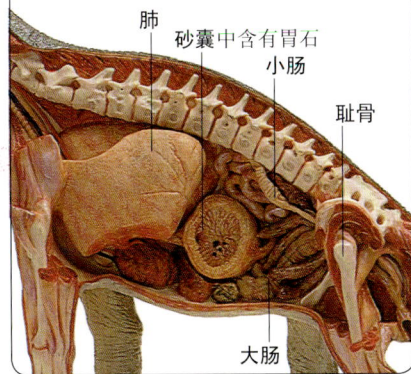

禽龙

攻击

因为食肉恐龙的体型大小、敏捷程度和捕食对象不同，所以它们有许多不同的攻击方式。大型食肉恐龙悄悄潜行至巨大的食草恐龙身旁，以突然袭击的方式将其杀死。小型猎食者靠速度捕猎。食肉恐龙主要用它们的尖牙和爪进行攻击，但是，也有一些食肉恐龙，如重爪龙，用它们的鳄状颌捕捉鱼。可能还有某些恐龙通过有毒的噬咬使它们的猎物中毒。

凶猛的爪▶

猎食其他动物的恐龙通常拥有锋利、弯曲的爪，就像鹰爪一样。可能恐龙时代最可怕的有爪钩食肉恐龙就是恐爪龙（"可怕的爪"）。它每只足的第二趾上都有巨大的镰刀形的钩爪。在一次攻击中，它可以用颌和前肢一起控制猎物，同时，用一条腿维持平衡，用可以前后快速运动的趾钩去除猎物的内脏。

弯曲的爪抓取猎物

◀刺穿皮肤的爪

作为侏罗纪时期主要食肉恐龙之一的异特龙用它强有力的三爪前足攻击猎物。这种凶猛的恐龙的前肢短小，故而，在它撕咬已捕获猎物的时候，可以让猎物更靠近嘴巴。异特龙的爪像老虎钳一样紧紧地抓住猎物，它的每一只钩爪都有25厘米长，像巨大的短剑一样刺入猎物的体内。

▲抓取和抢夺

在没膝的水中，重爪龙静静地站着。它可能会用窄长的颌从水中捕获尚无防备的鱼，并用细长的牙齿刺穿这只有鳞的猎物。它也可能用它强有力的前肢和拇指上弯曲的钩爪从水中钩起鱼。我们知道这种恐龙以鱼为食，因为古生物学家在它的胸腔里发现了鳞齿鱼（一种大型的鱼）的鳞片化石。

重爪龙的爪

致命的钩爪，可以提起并有力地向前抓取

attack
攻击

毒杀

活着的最大的爬行动物是科摩多龙，它的咬伤是有毒的。它的唾液中充满可以导致溃烂的细菌，这些细菌以黏着在它牙齿上的腐肉为生。有些恐龙可能会采用这种方法，成为双重致命杀手。如果单纯的咬伤不足以杀死猎物，那么毒素一定会将猎物杀死。

追逐猎物▶

美颌龙和其他的轻巧型兽脚类恐龙都有细长的身体构型、长颈和控制平衡的尾。这些特征使它们成为敏捷的奔跑能手。这些食肉动物使用它们的速度和敏捷的身手追逐猎物，如蜥蜴、青蛙和其他的小动物。当它们追上猎物的时候，它们会用带钩爪的前肢抓取猎物，或着伸出长颈，用窄长、长满尖锐牙齿的颌咬住猎物。

大张的颌，准——
备咬住猎物

突然袭击▶

南方巨兽龙是一种大型食肉恐龙。它可能会躲在树丛中，等行动缓慢的食草恐龙走近后，发动突然袭击将其猎食。南方巨兽龙硕大的嘴巴能够纳入猎物的头部。强有力的肌肉使颌部能紧紧地咬合，使其18厘米的长牙深深地刺入猎物的肉里。像老虎一样，南方巨兽龙每次进食都会将自己填饱，几天之后再进食下一餐。

骨质尾在似鸡龙奔跑时保持僵直状态

三个带爪的趾每只足上都有

▲逃离危险

并非所有的恐龙都是巨大而笨重的。有些恐龙生来就有极快的速度，它们通常在遇到攻击的时候会迅速逃离。似鸡龙拥有赛跑健将的身体特征。它具有细长的后肢，能够大跨步地高效行走或奔跑，轻便的身体完全由细长的尾控制平衡。通过对它们后肢的测量，以及与现在动物后肢的比较，专家们估计出似鸡龙的速度可以达到 56 千米／小时。这几乎与赛马的速度等同，可以肯定的是这样的速度足以用来逃避大型食肉恐龙（如暴龙）的追捕。

防御

恐龙的世界并不平静，因为有一群凶猛的杀手。大多数恐龙都是温顺的，它们从不攻击任何动物。即使这样，每一个群体都有着不同的方式保护自己免受攻击。对于敏捷的恐龙而言，逃离捕食者是它们自我保护的主要方式。大型蜥脚类恐龙可以用其庞大的身躯恐吓敌人。一些恐龙装备武器保护自己，并用它们的尾、角或爪回击敌人。其他一些恐龙更加被动，它们依赖伪装或体甲保护自己。

e►►
protection
保护

◀隐藏

保存完好的恐龙皮肤化石非常罕见，而且化石不能显示皮肤的颜色。我们知道，皮肤的图案和颜色可以帮助现代爬行动物躲避它们的敌人，所以有些恐龙也利用皮肤颜色将自己隐藏在周围的环境中。如果禽龙是绿色的，那它就可能会躲过在它居住的森林中觅食的食肉恐龙的搜索。

长而灵活的颈部，
有助于平衡

锤状尾▶

甲龙的尾部有一个奇特的锤状结构，
而现在生活的爬行动物都没有这样的防御
性尾。包头龙尾部末端的巨大锤子是由一
些骨块组成，这些骨块融合在一起，形成一个
肿块。发达的尾部肌肉支配着尾巴
来回摆动，给予攻击者一次足
以震碎骨头的打击。

包头龙的尾

尾大约有14米长

梁龙的尾

尾锤重达2千克（4.5磅）

◀鞭状尾

笨重的蜥脚类恐龙，如梁龙，可
以用它们逐渐变细的鞭状尾予以攻击者强力的打击。
除了它们令人畏惧的体型以外，这是它们主要的防御形式。它
们尾部末端由狭窄的环形骨组成，可以用来进行猛烈的攻击。
仅仅是尾部发出的劈啪声或许就可以吓跑猎食者。

▼盔甲外套

带甲恐龙具有突刺、骨板和棘刺，看起来就像
是活动的堡垒。当受到攻击时，它们会蹲下以保护
柔软的腹部，展现出一个完全覆甲的外壳。带甲恐
龙是由背上只有几排突刺的小型、轻巧种类的恐龙
逐步进化而来，直至进化为全身披甲的巨兽。

加斯顿龙的盔甲

棘刺和突刺生
在皮肤上，而
非骨骼上

赢得配偶

若要将物种延续下去，所有的动物都要进行繁殖。现今的动物都发展出它们自己独特的吸引配偶的方法。在一年中某些特定时候，它们可以通过炫耀身体局部的颜色和发出一些有特色的呼叫来发送求偶信号，或用特殊行为来表达求偶的意愿。通过对现代动物的观察，我们大概可以知道恐龙是如何找到它们的配偶的。某些种类的恐龙发育出非常与众不同的外部特征，如头冠、颅骨的骨质拱形结构和面部超长的角。这些特征中的每一个都有它们自己的用途，可以帮助恐龙赢得配偶。

头部撞击▶

肿头龙厚实的圆顶型颅骨为它们获得了"骨头脑袋恐龙"的名字。因为肿头龙的大脑被厚实的骨头保护着，所以，在争夺雌性恐龙时，争斗的雄性恐龙用头相互顶撞，很像现在的山羊和绵羊。肿头龙椎骨的结构特点说明它的脊柱可以承受巨大的冲击，所以，在争斗中它们也会相互撞击对方的身体。

▼搏斗中的雄性恐龙

在大约7000万年以前的白垩纪晚期，在北美洲的一块森林空地上，一对成年五角龙正在为争夺配偶而对峙着。它们颈部的壳皱覆盖着华丽的皮肤，用来吸引雌性恐龙。骨质的壳皱也被作为盾牌使用，它能够使对面刺过来的角偏离方向，以保护恐龙柔软的身体。争斗结束后，胜利者会耀武扬威地喷着鼻息，用蹄扒着地面，庆祝自己的胜利。

五角龙颅骨

额角长在眼上方

◀有壳皱和五只角的面部

五角龙，是指"脸有五只角"的恐龙，但是，尽管它叫"五角龙"，事实上它只有三只角。一对长而弯的角在它的前额上，还有一只短角在它的吻部。另外两只所谓的"角"，看起来像是从脸的两侧生长出来的，而实际上，它们是颊骨的延伸。五角龙奇特的壳皱有将近1米宽。皮肤覆盖下的骨头巨大、空洞的间隙说明这种壳皱很轻。

反顶对手，使之后退

坚硬的头部可以
承受巨大的撞击

mating

交配

最大的骨质脑袋▶

在拥有骨质脑袋的恐龙中，肿头龙的颅骨是最大的。它的头有 80 厘米长，由坚固骨头形成的圆顶有 25 厘米厚。在头的后部有骨质的球状结，在它的吻部有一些短小的骨质钉状突起。这些将在头对头的打斗中刮伤和擦伤对手。

肿头龙的颅骨

用于求爱的头冠

冠龙是鸭嘴龙科的一员。在它的头顶有一个半圆形、头盔状的骨质冠。雄性的头冠比雌性的大。这说明在求偶过程中，头冠被雄性冠龙用来竞争雌性冠龙的青睐。头冠应该是彩色的，可能在求偶期会改变颜色。冠的内部应该是通透的，冠龙可以通过它喷鼻息，发出特殊的声音。这些声音可能是吸引雌性的求偶呼叫。

头冠的皮肤有
着耀眼的图案

◀发情的牡鹿

关于有角恐龙是如何使用它们的壳皱和角的认识，部分是从现代牡鹿（雄鹿）的发情行为中得来的。在秋季，发情期开始了，成年牡鹿开始为雌鹿而竞争。牡鹿相互咆哮着，然后用头部猛撞对手，锁住对手的鹿角，企图将对方逼后退。获得多数领地的牡鹿将赢得雌鹿作配偶。

冠龙

体温

恐龙是冷血动物还是温血动物？在这一点上，科学家们不能达成共识。冷血动物，如爬行动物，它们的体温随着周围环境温度的改变而变热或变冷。温血动物，如鸟类，它们有调节系统来维持自身体温。相对地，温血动物需要吃冷血动物十倍量的食物，为它们的调节系统供能。很有可能像蜥脚类恐龙这样大型食草恐龙是冷血动物，因为它们不能摄取足量的食物来支持调节系统。但是，食肉恐龙——活跃的兽脚类恐龙，可能是温血的。

当体温过低时，蜥蜴通过晒太阳的方式取暖

当体温过高时，蜥蜴躲到阴影里

▲体温调控

蜥蜴是典型的冷血动物。它没有调节体温的内部机制。当周围的环境变冷时，蜥蜴的体温也冷却下来，不再活动。当周围环境热起来时，蜥蜴也暖和了，又重新活跃起来。蜥蜴有很强的爆发速度，但是，它们不得不花费很多的时间来晒太阳或藏入阴影中。

▼太阳板

剑龙是一种有骨板恐龙，在它的背上沿着背脊有一列骨板竖立着。19世纪70年代，科学家发现它的时候，认为这些骨板覆盖有角，用于防御。一个世纪以后，科学家在这些骨板化石中发现了血管的踪迹。这提示人们，这些骨板实际上是被皮肤包裹，而非角，它们被用来调节体温，而不是用作防御的工具。

e▸▸
temperature

体温

血管通过血液循环将热量分散到全身，或将多余的热量带走使身体冷却，从而调控体温

富含血管的皮肤覆盖在骨板上，进行热量交换

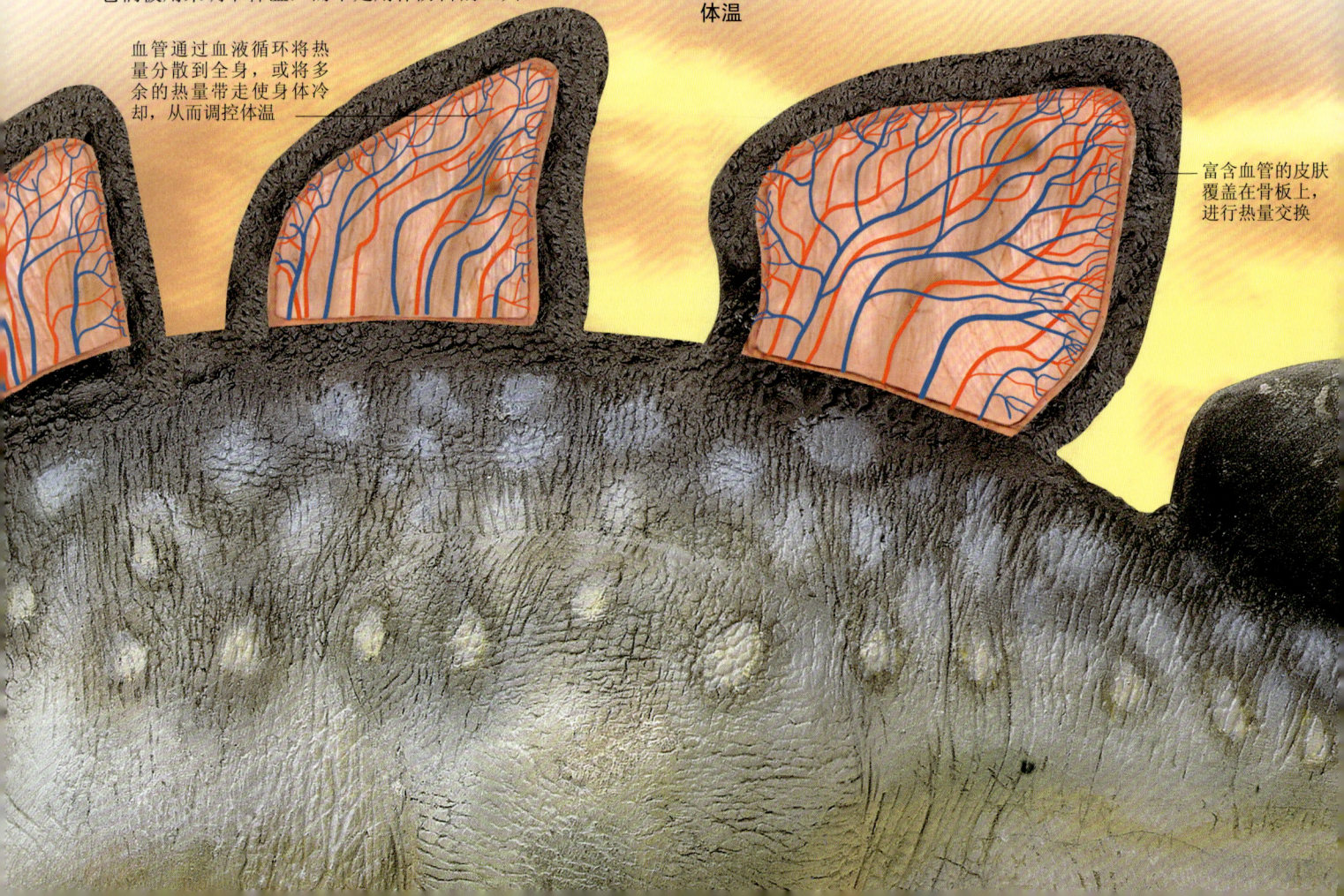

有短绒的猛禽

细微部分保存完好的化石，存在于火山灰中

柔软的、有绒毛的羽毛覆盖在躯体上，用来保温

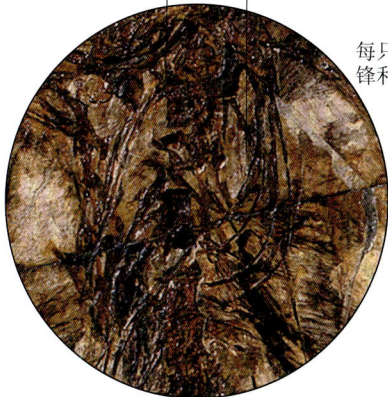

每只前肢都有3个带有锋利钩爪的细长指

覆盖羽毛的躯体的放大图片

　　几十年来，科学家们一直围绕着恐龙是温血还是冷血的问题争论不休。两种观点的证据都很难找到。在这一世纪与上世纪之交，在中国发现了一具保存完好的恐龙化石，它是一只鸡一样大小的兽脚类恐龙。精致的化石显示，这种恐龙长有纤细的羽毛。只有温血动物才需要这样的保温覆羽。对于许多科学家来说，这一发现正是他们一直以来在寻找的证据。至少，这说明这种小型的兽脚类恐龙是温血动物，而且有着活跃的生活方式。迄今为止，这只有羽毛的奔龙还没有一个学名，只被叫做"有绒毛的猛禽"。这块化石的发现也支持了另一个理论，那就是鸟类是食肉恐龙进化而来。

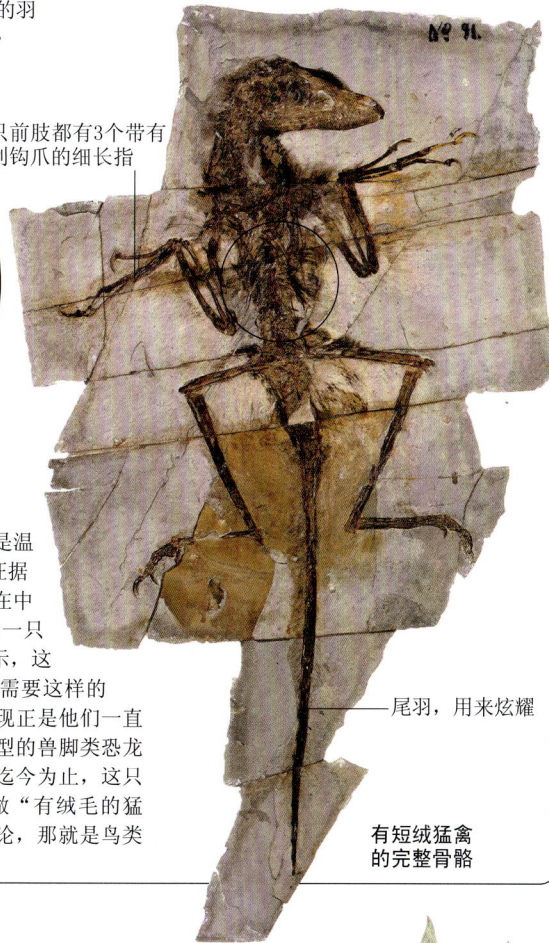

尾羽，用来炫耀

有短绒猛禽的完整骨骼

板也可以用来吸引配偶，或有助同类识别

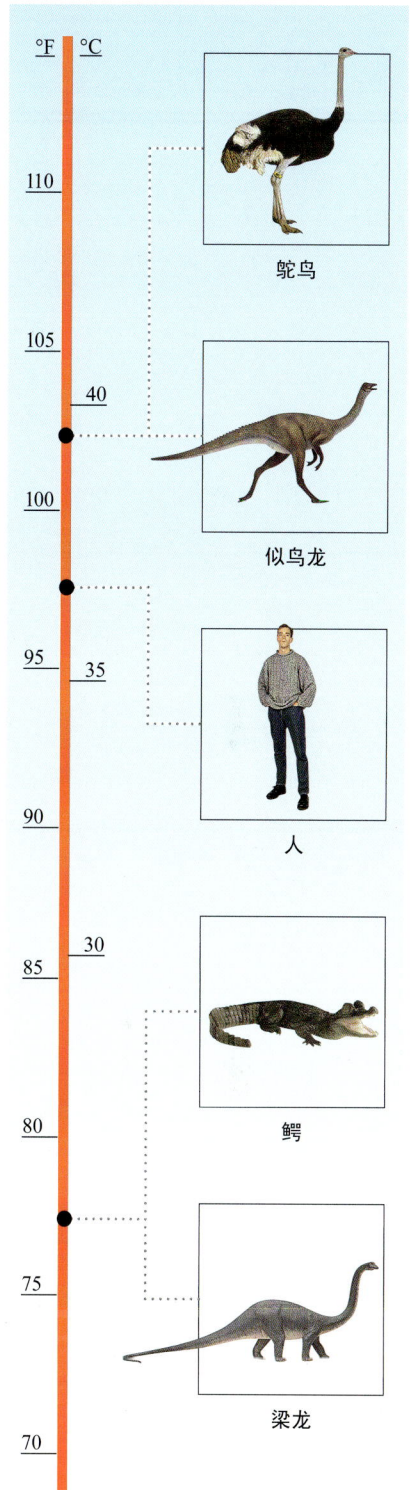

热量调节 ▶
　　如果剑龙背部的骨板被用来调节体温，那么它们就有点类似于太阳板。如果剑龙感到冷，它会转动骨板，使其宽大的一面朝向太阳，从而吸收太阳的热量。如果剑龙想要将身体冷却下来，它会将骨板转离太阳。它还会在风里转动骨板到合适的位置，其周围流动的空气就会将骨板冷却下来。

空气流动在骨板周围以带走多余的热量

°F 　°C

鸵鸟

似鸟龙

人

鳄

梁龙

▲最适体温
　　不同动物行使身体功能的最适体温各不相同。活跃的温血动物的最适体温要比缓慢的冷血动物的最适体温高。不论温血动物还是冷血动物，它们的最适体温都因物种不同而异，冷血动物到温血动物的体温是渐增的。可能恐龙的体温范围也与之相似，大型食草恐龙，如蜥脚类恐龙，很接近于冷血爬行动物；活跃的兽脚类恐龙和鸟类在温度较高的一端。其他恐龙可能介于两者之间。

大脑与智力

恐龙有多聪明？我们很难知道恐龙有多聪明，因为它们的脑几乎都没有以化石的形式保留下来。根据颅骨化石内部结构制作的模型显示，有些恐龙脑的体积较大，而另一些恐龙的脑则很小。有一个大体积的脑不一定拥有高智力。科学家们将恐龙的脑的大小与其总体重进行了比较研究，并考虑到它们的行为。一只恐龙的智力水平与它的生活方式及需要完成的目标是相符的。

伤齿龙

鹤鸵

◀像鹤鸵一样聪明？

伤齿龙是一个目光敏锐的捕猎者。它可以长到2米长，与它的体型相比，它具有一个很大的脑。这将为它提供智能和复杂的思维，以便诱捕猎物。鹤鸵的体形和脑与伤齿龙相似，所以，敏捷的恐龙可能具有和现代鸟类同一水平的智力。

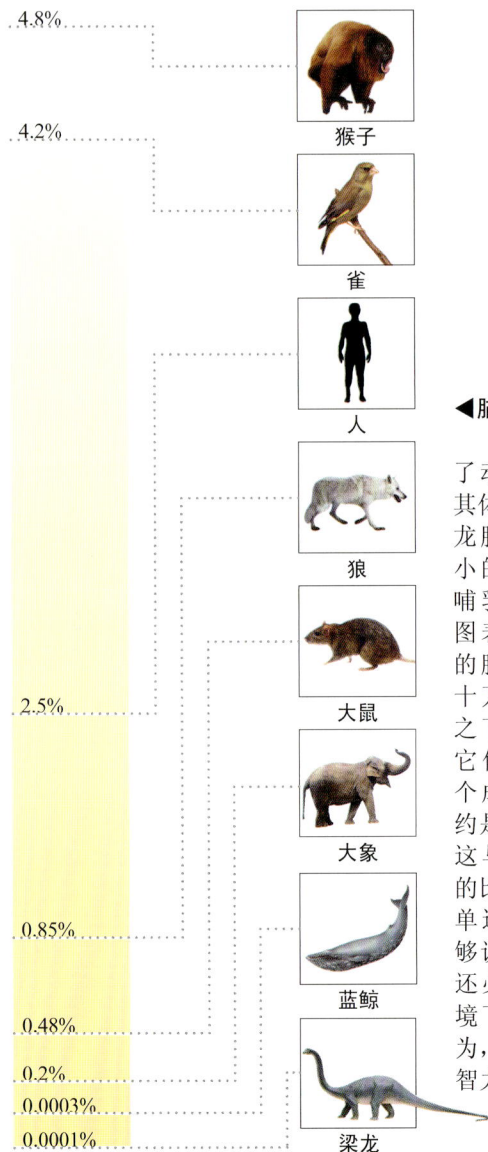

4.8% — 猴子

4.2% — 雀

人

狼

2.5% — 大鼠

大象

0.85% — 蓝鲸

0.48%

0.2%

0.0003%

0.0001% — 梁龙

◀脑与体重的比值

这个图表显示了动物脑的重量占其体重的百分值。恐龙脑体积与体型大小的比值较鸟类和哺乳动物要小。在图表的底端，恐龙的脑只占它体重的十万分之一。相比之下，小鸟的脑占它体重的1/12。一个成年人的脑重大约是他体重的1/40。这与小鼠脑和体重的比例大致相同。单单这些比值是不能够说明智力水平的，还必须比较同一环境下各种动物的行为，才能对它们的智力水平作出判断。

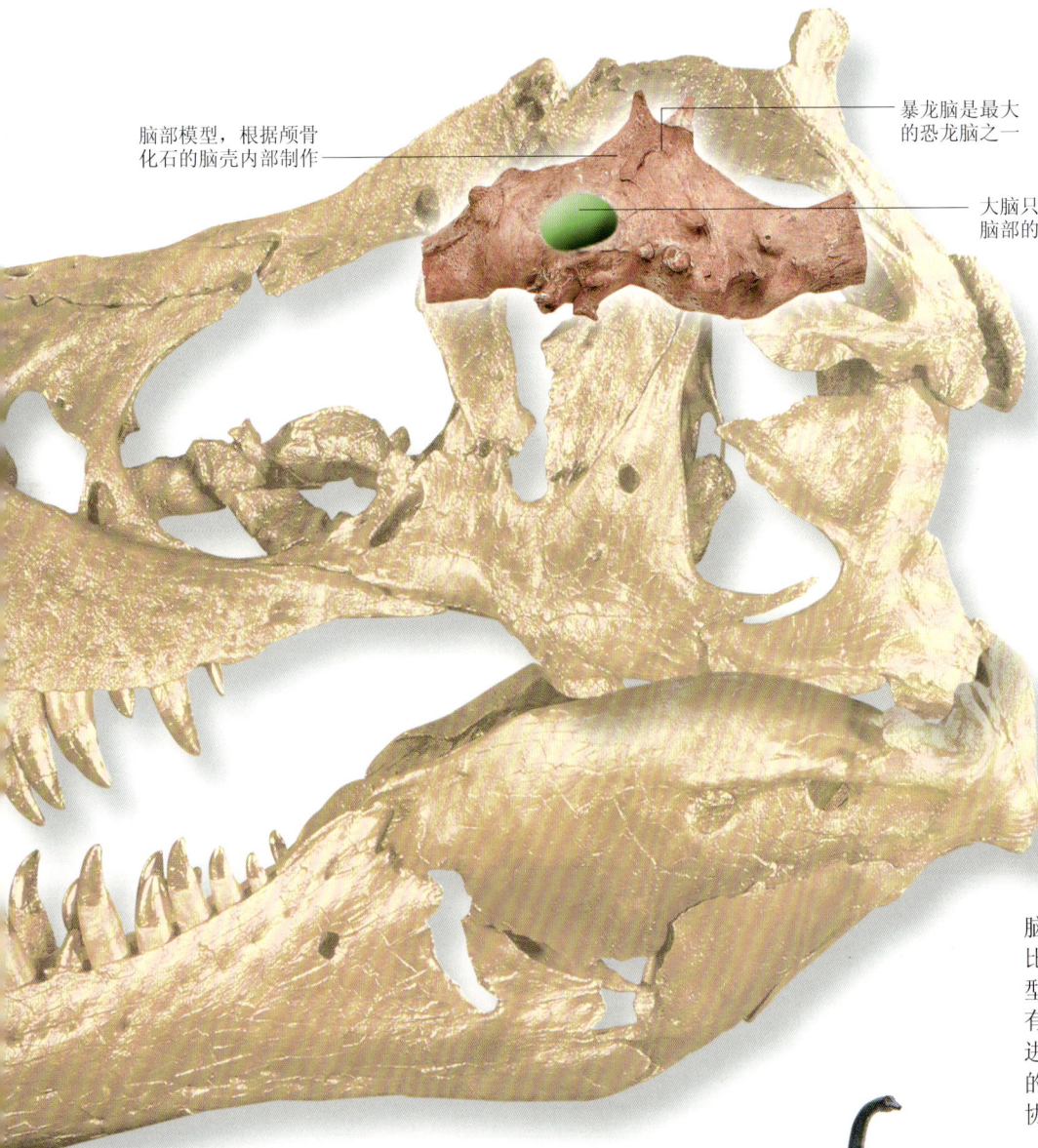

脑部模型，根据颅骨
化石的脑壳内部制作

暴龙脑是最大
的恐龙脑之一

大脑只占恐龙
脑部的一小部分

大脑占人脑的85%，
进行思维和感觉

小脑控制行动
和平衡

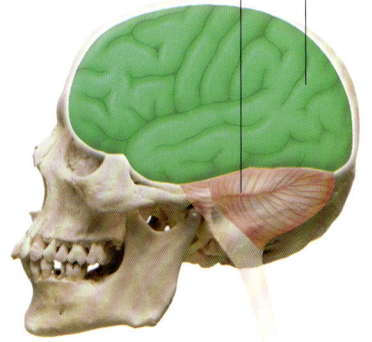

▲脑部比较

暴龙的颅骨要比人类的颅
骨大几倍。然而，人类的脑占
据了颅骨很大部分的空间，而
恐龙的脑则相对较小。暴龙的大
脑（绿色区域）含有脑的思考部分，
比人类的大脑小得多。在这两种类
型中，脑得到发展以适合它们的拥
有者。人类的脑赋予人使用语言和
进行复杂思考和想象的能力。暴龙
的脑主要负责视觉、嗅觉和四肢的
协调。

恐龙脑部机能与鳄的比较

　　脑化指数（EQ）是一种
动物的脑重与另一种类似
的、同体重动物的脑重的比
例。我们把每种动物预期的
脑的大小定为1，并据此作图
表。脑化指数大于1的说明脑
的实际大小大于脑的预期大
小。EQ值可以用来比较已经
灭绝的和现在活着的动物，
这可能有助于确定动物的聪
明程度。

　　这个图表标绘了不同恐
龙种群EQ分值的范围（用彩
色条带表示）。这些分值与
恐龙活着的远亲——鳄的分
值作了比较。图表显示蜥脚
类恐龙的EQ值低。它们分值
的范围很窄，因为这一群落
中的恐龙体重和脑的大小非
常一致。食肉龙的分值在大
约1～1.9之间。这一群体拥
有各种各样的体重和脑体
积，所以它们的EQ范围很
广。伤齿龙一类的恐龙是最
聪明的恐龙，它们的EQ值达
5.8左右。

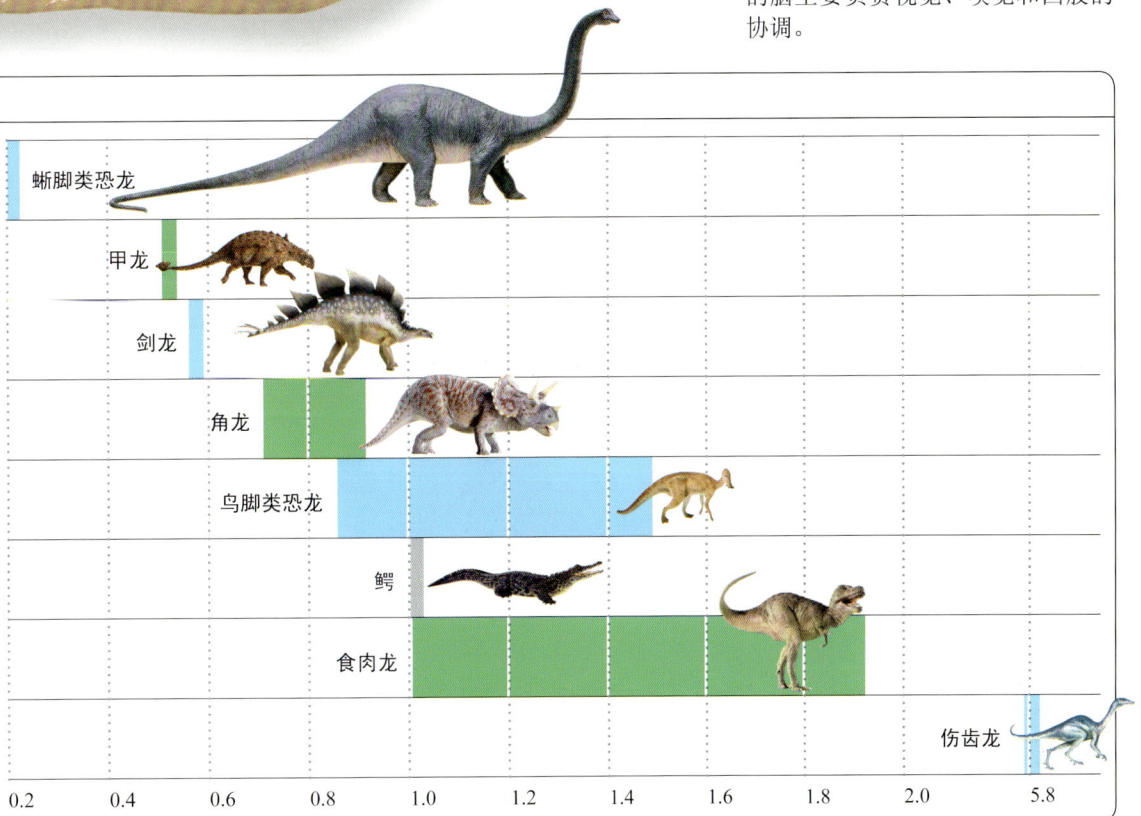

蜥脚类恐龙

甲龙

剑龙

角龙

鸟脚类恐龙

鳄

食肉龙

伤齿龙

0.2　　0.4　　0.6　　0.8　　1.0　　1.2　　1.4　　1.6　　1.8　　2.0　　5.8

感觉

恐龙构造中研究难度最大的部分可能就是它的感官。它们迟钝而愚蠢？还是警觉而智慧？精细的器官，如脑和神经，不能形成很好的化石，从与感觉器官相连的骨也难以得到有用的信息。例如，我们不可能准确地知道恐龙的味觉或嗅觉，它鼻腔中的结构可能与嗅闻或呼吸有关。但是，我们可以合理地分析恐龙的感觉系统是如何运转的。

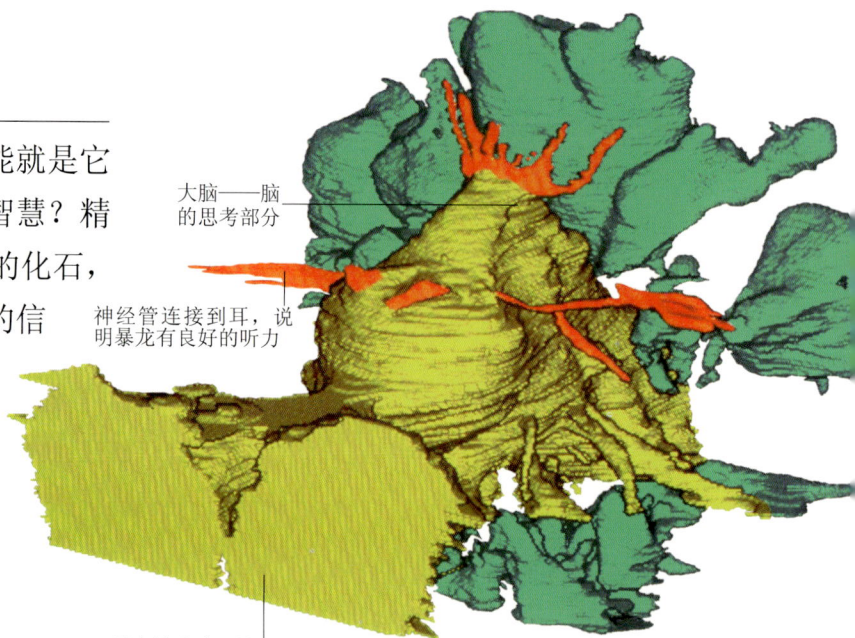

大脑——脑的思考部分

神经管连接到耳，说明暴龙有良好的听力

巨大的嗅球，显示恐龙有敏锐的嗅觉

▲一只暴龙脑的三维模型

脑不形成化石，但是它周围的骨却可以形成化石。有时，我们可以根据一只恐龙颅骨骨头间留下的空隙，获得其脑的形状。如果一只颅骨没有被压碎，经电子扫描可以获得脑部形状的三维图像。科学家们可以通过这个图像得知这只脑的哪些部分发育良好，以及哪些感觉是恐龙最重要的。

大鼓膜

眼位于头的侧面，更易发现危险

凸出的鼻孔

◄动物的感觉

对于现代的动物，我们只要对它进行简单的观察，就可以得知一些关于它的感觉的信息。这只鬣鳞蜥的眼睛长在头的侧面，使它拥有很好的全方位视觉。但是，它的两只眼睛并不一起协作，使它不能够看到立体景象。它的鼓膜很大，所以它可能有敏锐的听觉。鼻孔外凸，所以它也可能拥有嗅觉。在交配季节，它也会有明亮颜色的皮肤，以此来吸引异性，这也说明这个物种能够看到颜色。

皮肤在交配季节为亮绿色

鬣鳞蜥，一种现代蜥蜴

制造声音

副栉龙的颅骨

鼻孔

冠是鼻骨折叠形成的管

眼窝

耳的位置

在白垩纪，一群非常有趣的恐龙——鸭嘴龙（"鸭嘴形恐龙"），用它们的颅骨进行交流。鸭嘴龙很可能有良好的听觉，因为这些颅骨看起来就好像是那些能制造大量噪音的动物的。副栉龙拥有一个由连接到鼻孔的管构成的冠。科学家们的测试显示，空气从冠中流过的时候，会发出长号一样的声音。鸭嘴兽没有冠，在它们宽大的喙上有一层皮瓣，它通过膨胀制造声音，就像牛蛙的声囊。

似鸡龙的
颅骨化石

眼窝

巩膜环

▲眼窝

有一些恐龙，特别是那些像似鸡龙那样有着大眼睛的恐龙，在眼的内部有一个薄骨构成的环。这个环叫做巩膜环。许多现代的鸟类都有巩膜环。它有助于支撑眼睛，也有助于聚焦和锁定正在观察的东西。中生代的海洋爬行动物有巨大的巩膜环，用来保护它们的眼睛免受海水的压力。有巩膜环的恐龙可能具有非常敏锐的视力。

眼睑

眼睛面
向前方

深眼窝

窄吻

猛禽

右眼视野

左眼视野

70°双目重叠区域

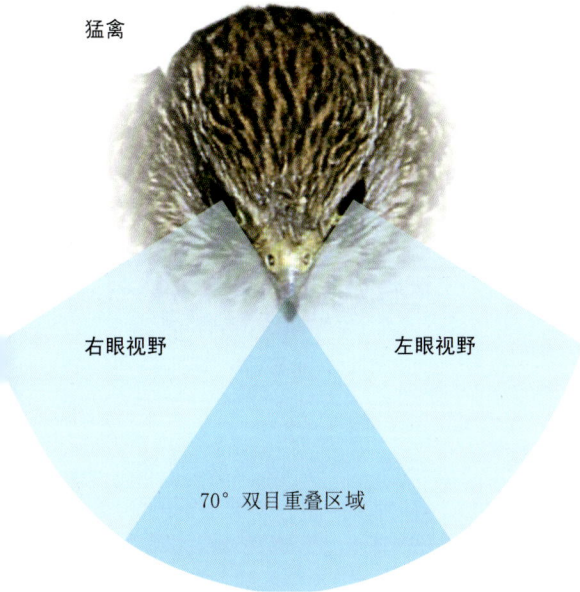

▲现代动物的双目视觉

人和像猛禽一样的猎食动物都能够看到立体景象。如只用一只眼睛看物体，然后再用另一只。那么，物体的位置看起来会稍稍改变。人的大脑和猛禽的大脑可以比较双目（两只眼的）的图像，用它们计算出物体有多远——当物体是移动的猎物时，这很有用。一些猎食恐龙具有这种能力。

恐龙的双目视觉▶

最著名的、拥有双目视觉的恐龙是火鸡大小的食肉恐龙——伤齿龙。它的眼睛看向前方，尽管不像现在的猫或猛禽那样完全向前。作为一只恐龙，它的脑很大，几乎与现在的奔跑鸟类（如鸸鹋）的脑一样大。这并不一定意味着它就是非常聪明的，但是它有足够的脑力来处理从双目视觉获得的立体图像。

小范围的双
目重叠区

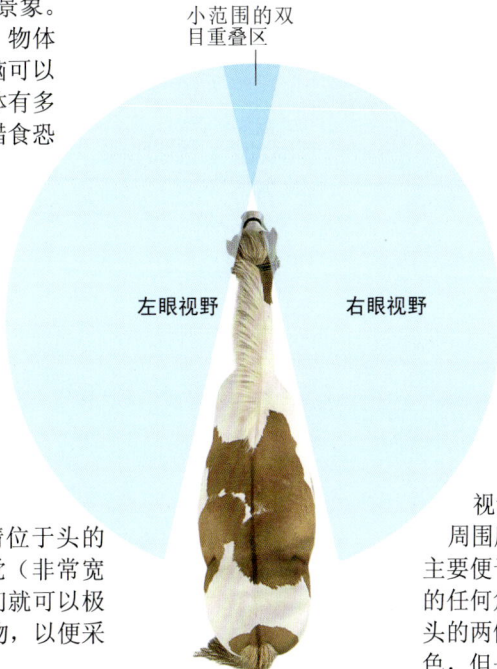

左眼视野

右眼视野

眼睛位于
头的侧面

◀恐龙的周边视觉

食草恐龙，如三角龙，眼睛位于头的两侧。这使得它们拥有周边视觉（非常宽的视野）。不用移动头部，它们就可以极早地看到正在靠近的食肉动物，以便采取防御措施。

senses

感觉

◀现代动物的周边视觉

食草动物，如马，不需要双目视觉。对它而言，拥有一个可以看到周围所有事物的宽阔视野更为有用，这主要便于它在进食时，能够看到正在靠近的任何危险。这也是为什么马的眼睛长在头的两侧，而不是面朝前方。它看不到颜色，但是却能够分辨光亮和阴影。

成长

在近 50 年的化石发现中，最令人兴奋的是那些有关幼年恐龙的发现——它们的巢穴、蛋或骨骼。如果发现的骨骼来自一个恐龙群体的一部分，或是一个巢居群体，则很容易就可以将幼年恐龙与成年恐龙区分开。一只恐龙的头、眼和足的大小都可以提供线索。而骨骼，如果它保存得足够好，那么它的组织和结构会显示不同的生长进度。

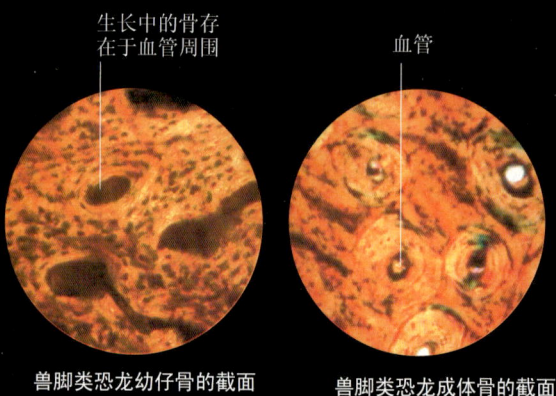

生长中的骨存在于血管周围

血管

兽脚类恐龙幼仔骨的截面

兽脚类恐龙成体骨的截面

▲生长中的骨组织

一些恐龙的骨头保存得相当完好，以至于我们可以通过显微镜看到它们的结构。像现在的动物一样，恐龙的骨由活组织、穿过其中的血管和中央含有骨髓的空腔构成。有时，一些恐龙以家族为单位被挖掘出来，就可以看到同一物种不同年龄的个体。这些骨的检测结果显示，兽脚类恐龙的骨在其一生中都在生长，不像哺乳动物的骨，长到一定年龄后就停止了生长。

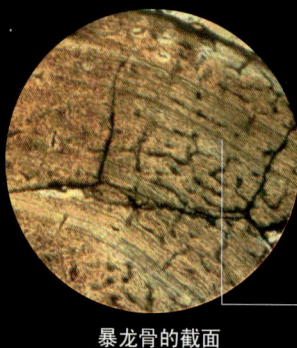

▼完整的幼仔

有一段时间，原蜥脚类恐龙鼠龙（"鼠蜥"）被认为是所知的最小的恐龙。之后，科学家们意识到所发现的骨骼来自于刚出生的幼仔。发现的骨架只有 18 厘米（9 英寸）长，可以置于人的手中。事实上，成年后可达 3 米（10 英尺）。一些幼仔的骨骼还没有完全发育，像许多非常幼小的动物一样，它的颅骨、眼窝和足对于此时的身形而言是偏大的。

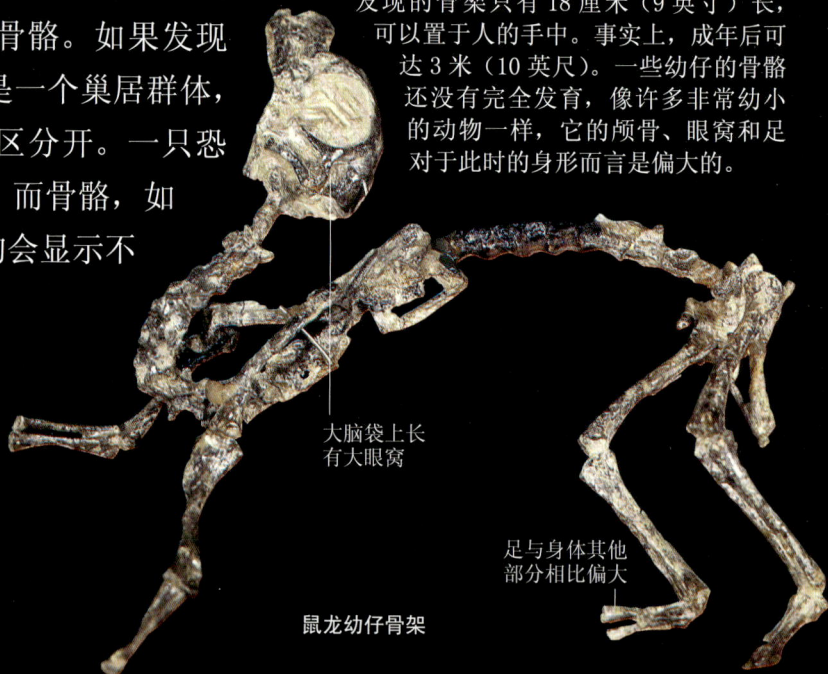

大脑袋上长有大眼窝

足与身体其他部分相比偏大

鼠龙幼仔骨架

◀生长轮

如果一棵树被砍倒，检查树干，可以看到木头上从树心到树皮的圆环。活着的树每长一年就有一个新环出现。有时这一现象也会在恐龙的骨中发现。但是，不能通过简单的计数环的数量，来确定恐龙死时的年龄。年老的骨的结构经常在其一生中发生改变，之前形成的生长轮也会消失。

线表示生长了一年

暴龙骨的截面

生长的各个时期

有角恐龙原角龙像羊群一样漫步在白垩纪亚洲的平原上。数以百计的这种恐龙的化石被发现于荒漠砂岩中。它们很有可能在这一时期的沙暴中被掩埋，并窒息而死。不同生长时期的残骸显示，它们以群体为单位活动，或以家族的形式活动。化石提供了很好的证据，揭示这一物种在变老时是如何发育的。例如，原角龙从出生到完全成年这段时间里，它的颅骨和颌以不同进度发育。

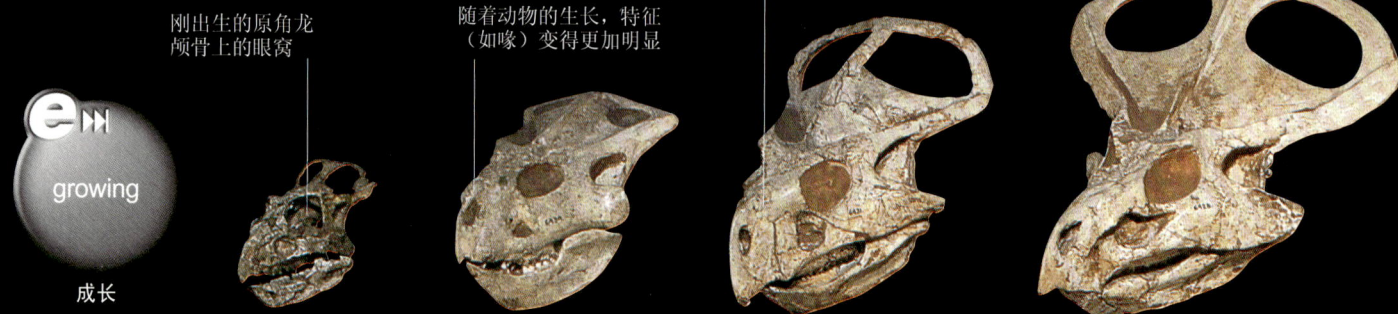

喙变得更长，头顶端形成褶皱

随着动物的生长，褶皱的骨也在发育

刚出生的原角龙颅骨上的眼窝

随着动物的生长，特征（如喙）变得更加明显

growing

成长

▼亲代抚育

　　像雷利诺龙这样的食草恐龙可能以一个大的群落居住在一起。蛋孵化以后，成年恐龙要抚育刚出生的幼仔，直至它们可以独立生活。我们通过巢穴遗址中发现的骨骼，可以了解这类鸟脚类恐龙的生长速度。刚孵化的幼仔有几个月会非常快速地生长。之后的六年，幼仔依旧会快速生长。直到它们成年，生长才会慢下来，或者完全停止。这种生长速度与现在的鸟类极其相似。

吻的形状和颈甲的大小因性别而不同

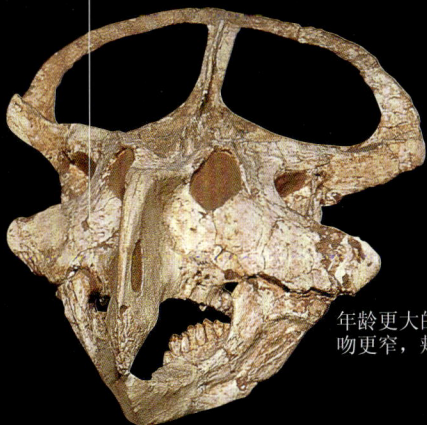

年龄更大的恐龙——吻更窄，颊更宽

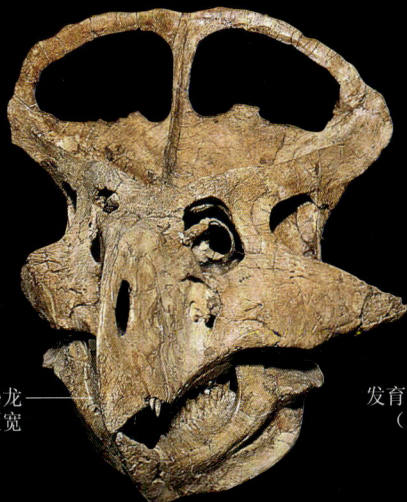

发育完全的颅骨（成年恐龙）

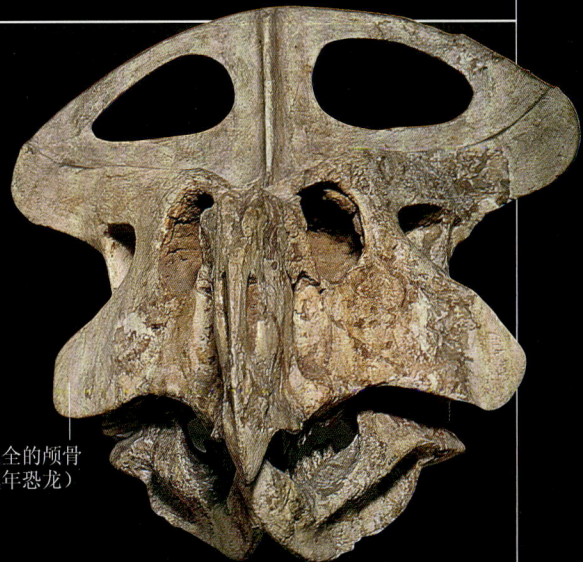

死亡与疾病

很少有长寿的恐龙。这种生物不断地承受着来自外界环境和其他动物的威胁。对于许多恐龙物种，我们仅能通过那些在成年之前就死去的幼年个体的化石去了解它们。有些恐龙是在争斗中死去，有些是由于饥饿而死去，有些是因疾病而死亡，还有一些恐龙因为受伤而死去。我们对恐龙的疾病知之甚少。我们只有通过受疾病影响的骨骼的化石才能找到恐龙所患疾病的直接证据。这类研究称作古病理学。

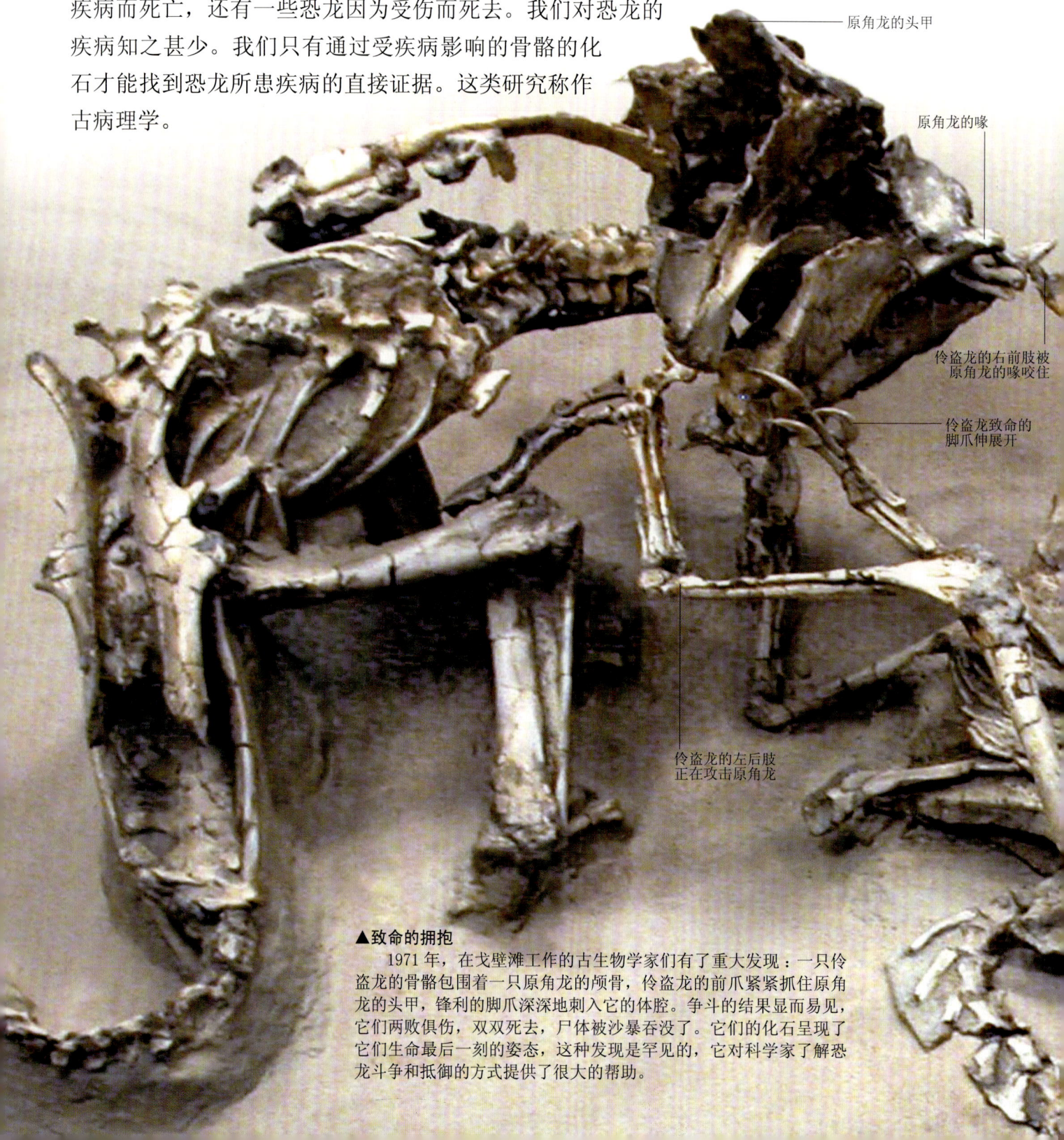

原角龙的头甲

原角龙的喙

伶盗龙的右前肢被原角龙的喙咬住

伶盗龙致命的脚爪伸展开

伶盗龙的左后肢正在攻击原角龙

▲致命的拥抱

1971年，在戈壁滩工作的古生物学家们有了重大发现：一只伶盗龙的骨骼包围着一只原角龙的颅骨，伶盗龙的前爪紧紧抓住原角龙的头甲，锋利的脚爪深深地刺入它的体腔。争斗的结果显而易见，它们两败俱伤，双双死去，尸体被沙暴吞没了。它们的化石呈现了它们生命最后一刻的姿态，这种发现是罕见的，它对科学家了解恐龙斗争和抵御的方式提供了很大的帮助。

◀食同类者

1947 年，在美国得克萨斯州发现了一群腔骨龙的骨骼化石。它们看起来像是死于干旱时节。在保存最好的骨骼的腹腔中有一些有趣的残骸——一只幼年腔骨龙的骨头。较大的腔骨龙在它们生命最后的危难时刻成群地嗜食它们的同类。

一段鸭嘴龙的脊椎化石

尾部随着躯体脱水而回缩

残骸在腹腔中，它属于一只幼年腔骨龙

椎骨上的肿块，可能是癌瘤引起的

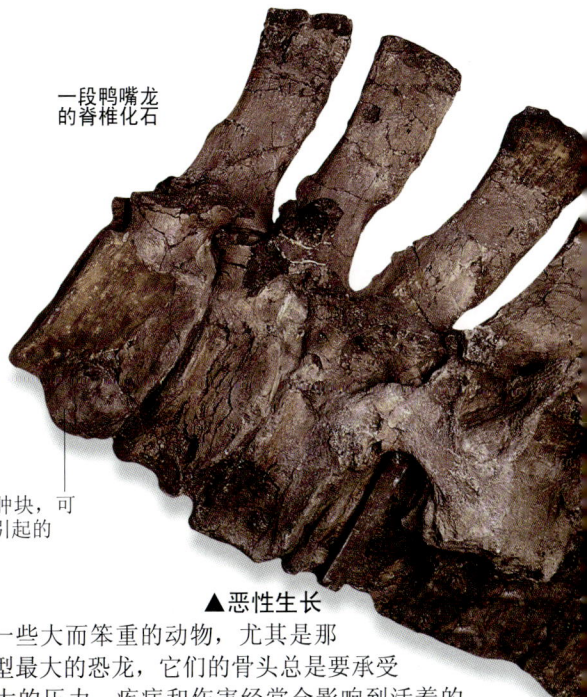

▲恶性生长

一些大而笨重的动物，尤其是那些体型最大的恐龙，它们的骨头总是要承受着巨大的压力。疾病和伤害经常会影响到活着的动物的骨头，恐龙也一样。有时，会在恐龙化石中发现骨头被感染的痕迹。癌变会引起活组织中的畸变与生长，图中所示的这只鸭嘴龙的椎骨就展示了可能由癌引发的肿块。

伶盗龙的左肩胛骨

伶盗龙的颅骨

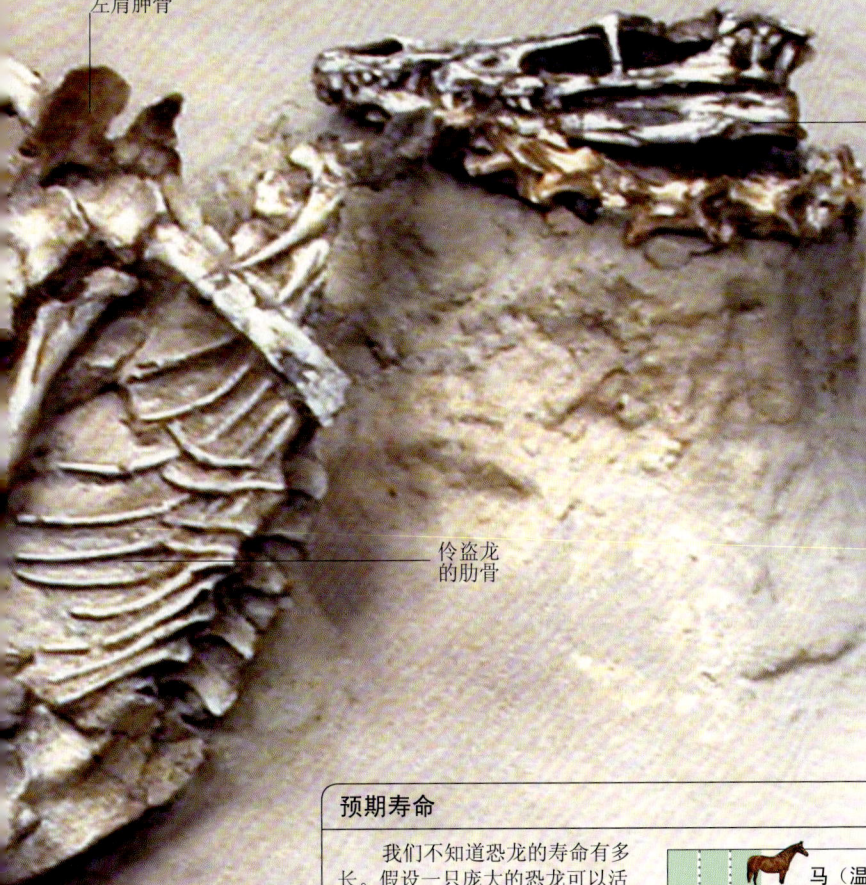

伶盗龙的肋骨

骨折处发生骨质增生

禽龙的髋骨

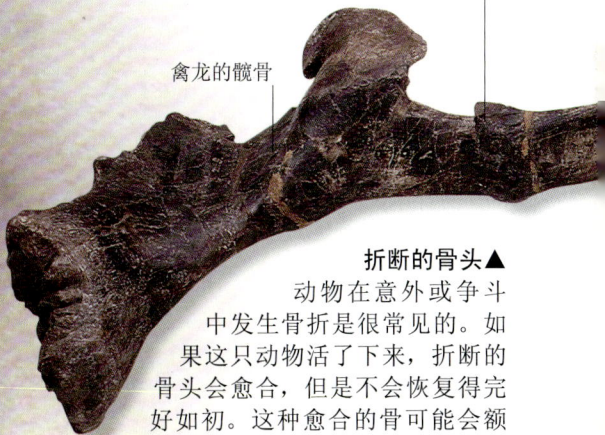

折断的骨头▲

动物在意外或争斗中发生骨折是很常见的。如果这只动物活了下来，折断的骨头会愈合，但是不会恢复得完好如初。这种愈合的骨可能会额外生长，这只禽龙的髋骨在它活着的时候折断过。断骨处已经愈合，但是，后来，该处的骨继续生长并形成一圈增生骨。伤处的 X 射线扫描可以看到深处的裂痕。

预期寿命

我们不知道恐龙的寿命有多长。假设一只庞大的恐龙可以活到正常的恐龙寿命，那么它的预期寿命将有赖于它是冷血动物还是温血动物，又或者在二者之间。如果蜥脚类恐龙是冷血动物，与现代爬行动物比较，它们可能可以活到200岁。如果是温血动物，与一头大象比较，它们可能只能活到60岁。

马（温血哺乳动物）

人（温血哺乳动物）

海龟（冷血爬行动物）

蜥脚类恐龙

| 0 | 50 | 100 | 150 | 200 |

预期寿命，以年为单位

▲家庭盛宴

狮子是群居动物，它们十几只或更多一些一起生活。它们的群体包括几只雌狮和它们的幼崽。它们共同捕猎，并一起享用战利品。小型食肉恐龙群体也用这种方式来分享较大的猎物。它们不需要防备食腐动物对猎物的窥探，因为它们很快就将猎物吞食掉。然后，它们从容地继续搜寻下一个猎物。

集体行动的猎手

许多食肉兽脚类恐龙以群体的方式捕猎，就像现在的狮子一样，它们联合起来推倒比它们大的动物。它们群体出动，除了有发达的肌肉，武装有锋利的爪和长有尖锐牙齿的强大的颌外，在攻击之前，它们还能非常聪明地进行组织和协调。像现在一些老练的猎食动物一样，恐龙可能会使用一些战术来打败它们的猎物，例如，它们将猎物诱入陷阱或在进攻之前包围猎物。

攻击圆顶龙▼

一只食草圆顶龙从它的队列里落单了，它很危险，它既没有击杀的本能，也没有锋利的武器，无法击退两只正在捕猎它的异特龙的攻击。这两个捕食者强大而敏捷，能够高高跃起到猎物的背上，用它们的牙齿和利爪对猎物的头部、颈部和背部施以深深的伤害。它们一直对这只圆顶龙进行着猛击，直至它因失血或虚脱而死亡。

深伤痕由锋利的牙齿和爪造成

进攻中的异特龙从一个安全的位置割伤猎物的肋腹部

hunting

猎食

食腐翼龙在上方盘旋，
等待剩余的食物

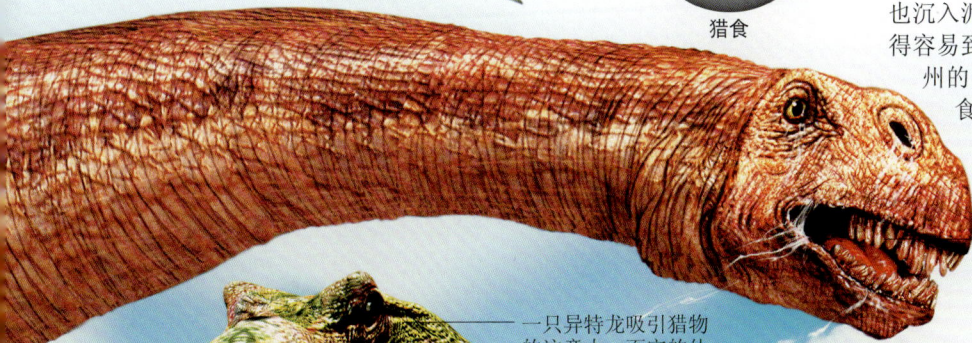

一只异特龙吸引猎物
的注意力，而它的伙
伴在对猎物施以伤害

猎物的牙齿，更适于觅
食，而非与猎食者争斗

陷入泥潭▲

深而浸水的泥沼能成为被捕食者的死亡陷阱，同样也是食肉捕食者的死亡陷阱。陷入困境的恐龙（如图中的剑龙）发出呼叫，呼叫声会引起沉重的食肉恐龙（如异特龙）的注意。赶来的猎食者很快也沉入泥沼，被其淹没。许多其他来到这里试图获得容易到嘴食物的猎食者也被泥沼淹死。美国犹他州的克立兰夫恐龙采掘场就曾是一个这样的捕食者陷阱。自从科学家于 1927 年首次在那里发现恐龙化石以来，有超过 10000 块骨头从那里出土，其中大多数都是食肉恐龙。

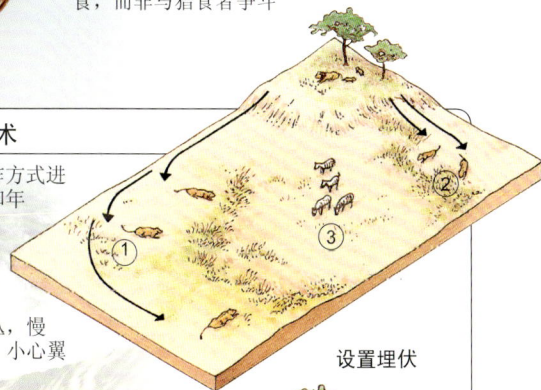

设置埋伏

进行攻击

现代猎食动物的战术

饥饿的狮子以群体协作方式进行捕猎，包括年轻的和年老的。在开阔的草原上，它们悄悄地包抄猎物，使猎物从任何方向都不可能逃脱。

1. 雌狮穿过长长的草丛，慢慢地向猎物匍匐前进，小心翼翼，以免猎物受惊。

2. 雄狮安静地占据猎物后方位置。

3. 猎物在开阔的草原上进食，没有感知到威胁。

4. 不再隐藏，一些雄狮直接攻向猎物。

5. 团队的其他成员时刻准备拦截转向逃跑的猎物。

6. 猎物逃入陷阱。

7. 维持不动，雌狮选择要攻击的猎物，然后突然袭击将其扑倒。

猎手还是清道夫？

暴龙是已知所有动物中最大、最凶猛、最可怕的猎食动物。真的是这样吗？它看起来像一个可怕的捕食者，而它的牙齿、颌和视力好像也能证实这一点。但是，它的其他特征，如肌肉和骨骼，显示它的行动缓慢，不能够快速追逐猎物。暴龙可能会用不同的方法来获得食物。它可能会通过短距离的冲刺来捕捉行动缓慢的猎物。它也可能搜寻其他速度较快的兽脚类恐龙所捕获的动物尸体，只需将那些猎食者吓跑，就可以享用食物了。

后端的
剪切齿

前端的
抓握齿

▲牙齿

暴龙锋利的牙齿说明它是一个猎食者。前端的牙齿短而厚，非常适合于夹住挣扎的猎物，防止其逃跑。侧面的长牙较薄，更像刀刃，长牙两侧边缘都有细微的锯齿，且向后弯曲。这些特点使侧面的牙齿非常适合从动物尸体上将肉切下。这些牙齿在折断或磨损后，都可以被新的牙齿替代。

颅骨上的裂隙可以
固定住颌部肌肉

锋利的牙齿损坏
后可被新齿替代

铰链可以
使颌大张

▲可怕的颌

暴龙牵动颌的肌肉很发达。这些发达的肌肉使暴龙可以牢牢地咬住大型猎物，将它们一块一块地撕碎，嚼碎它们的骨头。科学家们曾在有角恐龙的断骨中找到暴龙牙齿的痕迹。嘴的容积说明暴龙一口可吞食多达 227 千克的肉食。这样的颌既可以是猎食动物的，也可能属于食腐动物。

食肉动物▶

就像其他的兽脚类恐龙一样，这种恐龙也是为食肉而生。它的长颌里布满锋利的牙齿，后肢长而强壮，躯体相对较小，还有一条沉重的尾巴保持平衡。但是我们很难确定，暴龙所食用的肉食是来自它自己捕获的猎物，还是来自它搜寻到的已经死亡的动物。暴龙可怕的牙齿看起来像猎杀者的牙齿一样，但是，这些牙齿对于捕猎而言太大，太笨拙。

视觉重叠区域

左眼视野   右眼视野

◀立体视觉

暴龙拥有猎食者的视力。它的眼睛面向前方，所以视野在前方重叠。这将为这种恐龙提供一个立体的视觉，使它能够像人类一样观察立体景象并判断距离。这是猎食动物确定目标一项必需的能力。但是视野的重叠没有现代猎食动物（如猫）那样显著。

当作食物的清除

在自然界，一只死去的动物是非常丰富的食物来源。它的肉、内部器官，甚至骨髓都极富营养。只要有食物出现，就会被吃掉。在现代，死去的动物不会存留很久，它们很快就会被食腐动物吃掉。在恐龙时代也一定是这样的。活着的生物，包括暴龙和其他恐龙，会搜寻死去恐龙的尸体，以之为食。

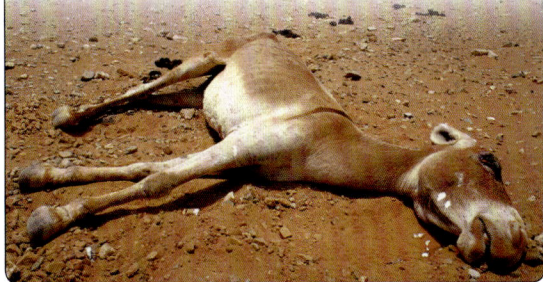

◀后肢肌肉

暴龙后肢所提供的信息没有能够帮助科学家们确定它是否是一种猎食动物。它的后肢骨粗大，可能正是因为过于粗大，所以暴龙不能快速奔跑。后肢的肌肉数量也不足以支持它快速奔跑，所以，暴龙是一种行动较慢的动物。所有这些证据都不支持它是一种活跃的猎食动物的观点。但是，骨连接的方式却显示它应该能够快速运动。所以，迄今为止所发现的这些证据是相互矛盾的。

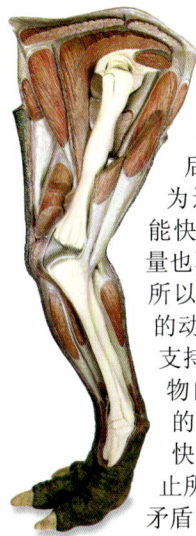

▲现代猎食动物和食腐动物

尽管我们认为鬣狗（图中右侧）是一种食腐动物，但是它们并非总是摄食已经死亡的动物。有时鬣狗会进行群猎，捕食行动快速的猎物。同样，我们认为狮子（图中左侧）是终极猎食机器。但是，它们也经常搜寻和摄食那些被别的动物杀死的猎物。猎食和食腐之间并非总是分得很清楚。很有可能在白垩纪，暴龙适应了这两种摄食方式，必要的时候猎食猎物，找到动物尸体时就直接将它们清理掉。

暴龙

迅速还是缓慢？猎食动物还是食腐动物？无论哪一种情况，暴龙都是地球上生活过的最大的食肉动物之一。

身高：6.5米
身长：12.8米
体重：可达6.4吨
后肢长度：2.5米
步幅：3.7～4.6米
估算的最快速度：8～72千米/小时

Trex

暴龙

年幼的厚鼻龙被成
年厚鼻龙包围着

群居的恐龙

　　依靠数量上的优势成群地前行对许多动物来说是安全的，因为一只饥饿的猎食者很难从前行的队伍中单挑出一只动物进行屠杀。如果有食肉动物在四周徘徊，群体中的成员也可以相互报警。可能因为这些原因，一些食草恐龙成群生活。根据所发现的恐龙骨骼化石群和成片的足迹，我们了解到一些恐龙是成群行动的。这些恐龙也可能会一起跋涉很远的距离去寻找优良的牧场和繁殖地。这样的旅行叫做迁徙。现在，许多动物沿袭了这种群居生活，其中的原因与它们祖先大致相同。

herds

兽群

足迹显示前行的方向

▲ 保存在岩石中的足迹

　　在美国西部的科罗拉多高原发现了一些足迹化石，这些化石是由许多迷惑龙的足迹形成的。多重复杂的足迹说明一些恐龙是以群体共同行动的。通过对足迹路径的研究，科学家还发现，有时一些小的、幼年恐龙的足迹叠印在成年恐龙的足迹之上。从这里我们可以看出，年长的、强壮的恐龙领导着群队，年幼的恐龙跟在它们身后，或者位于队伍的中间，而队伍的前、后都有成年恐龙负责保护。

较大的脚印属于
成年恐龙

较小的脚印属
于幼年恐龙

成年恐龙负责
保护群体

▲到北极去

在白垩纪晚期，厚鼻龙群向北迁移，从现在的加拿大亚伯达到北极。它们一直待在那里，以阔叶植物为食。直到严酷的寒冬来临，它们又再次南迁。我们能够知道它们进行了如此艰辛的长途跋涉，是因为在亚伯达和 3500 千米外的美国阿拉斯加北部，我们发现了这些笨重食草恐龙的化石。

◀危险的旅行

长途旅行会给迁徙的动物带来危险，因为猎食者潜伏在各个角落。为了寻找新鲜的草料，角马穿过坦桑尼亚和肯尼亚，完成长达 2900 千米的迁徙。它们经常冒着被鳄鱼攻击的危险穿越河流。迁徙的恐龙很可能也面临着相似的危险，可能也会成为鳄鱼的猎杀对象。

恐龙的路线

1,000 千米

- 白垩纪大陆
- 现代边界
- 现代海岸线
- 足迹遗址

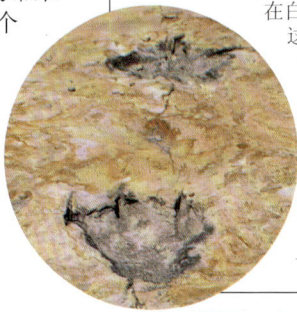

在白垩纪，整个北美洲被海洋分割开，这片海洋被称为西部内陆海道（蓝色区域）。这张地图上标注的现在的足迹化石遗址显示出一条位于落基山脉下，沿着海道西部边缘通向阿拉斯加北部的迁徙路线。这些禽龙的足迹起初是留在潮湿的海岸沉积物上，它们最终变硬形成岩石。这样，一些北美恐龙迁徙行为的证据就在石头中保留了下来。

▲防御圈

恐龙群可能采取群体防御战术保护它们免受猎食者的捕食。三角龙会形成一个圆圈，用令人生畏的角和骨质壳皱面对攻击者。如果猎食者轻率地靠近它们，就会被蓄势待发的成年三角龙击退。若全力出击，三角龙以可达到 25 千米 / 小时的速度奔跑，这甚至可以吓住暴龙。

成年麝香牛面朝外正对威胁

▲子代培育

像三角龙一样，这群麝香牛将幼仔保护在严密的保护圈内。这样做的原因不单单是为了抵御猎食者的威胁。群体中年长的成员正准备做出榜样，教会后代如何生存和成长。很可能恐龙群队中的一些成年恐龙也担负着训练和教育幼仔的责任。

巢群

从恐龙被确认为爬行动物以来，科学家们就猜想它们的产卵方式同大多数现在爬行动物一样。现在，这一猜想已被证实，因为在20世纪20年代，人们在蒙古的戈壁沙漠上首次发现了恐龙的巢和恐龙蛋。自那以后又有更多的发现，其中最重要的是在美国蒙大拿州发现的慈母龙巢群。许多恐龙巢遗址都属于类鸟恐龙，这支持了一些科学家的理论——鸟类是由带羽毛的恐龙进化而来的。

◀家庭生活
20世纪70年代，在美国蒙大拿州的蛋山发现了一座完整的鸭嘴龙巢化石群落。它们属于一种叫做慈母龙的恐龙。这些巢是用泥构建的，有1米高，在其顶部有一个碗形凹窝。人们认为慈母龙的迁徙群年复一年地返回这块繁殖地产蛋和抚养后代。

nests
巢

幼年慈母龙一年后长到3米左右

◀孵出
在蒙大拿遗址有许多不同的化石。巢里的蛋壳能够显示它们是在哪里孵化的。刚孵出的幼仔的骨骼化石说明，在刚出生的几天，有些恐龙宝宝没有能够活下来。大一些的幼仔的骨骼说明，幼仔在独立之前会在巢里待很长一段时间。这些恐龙照顾后代的方式与鸟类是一样的，它们喂养和照看幼仔，直到幼仔离开它们独立生活。

22只长形蛋
以环形排列

前肢伸至蛋的上
方以保护它们

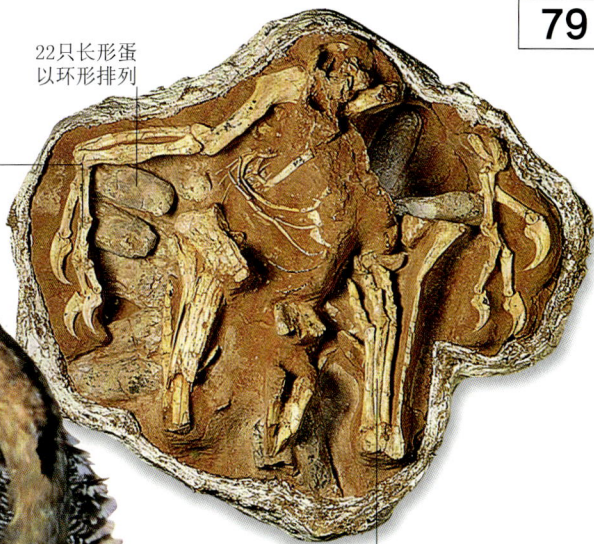

后肢双双上翘地蹲伏

成为化石的母亲和她的蛋▲
这块窃蛋龙化石是在1933年的一次戈壁沙漠探险中发现的，它展示了戈壁沙漠恐龙蛋真实的原始状态。窃蛋龙的骨骼卧于蛋的上方，它的前肢伸出，覆盖在蛋上，这与鸟类保护它们蛋窝的方式一样。前肢上的羽毛能够在白天为蛋抵挡太阳的炙烤，在晚上为蛋保温。这只恐龙很可能是在保护它的蛋时死于沙暴或洪水。

蛋像鸟蛋一样有
着坚硬的蛋壳

▲孵蛋的窃蛋龙
20世纪20年代，在蒙古戈壁沙漠中发现的恐龙蛋首次被认为是有角恐龙原角龙的蛋。在一只巢的附近，有一具小型兽脚类恐龙——窃蛋龙的骨骼化石。每个人都认为它是在偷取原角龙蛋的时候被杀死的。直到20世纪90年代，科学家们才发现这些蛋实际上是属于窃蛋龙的。

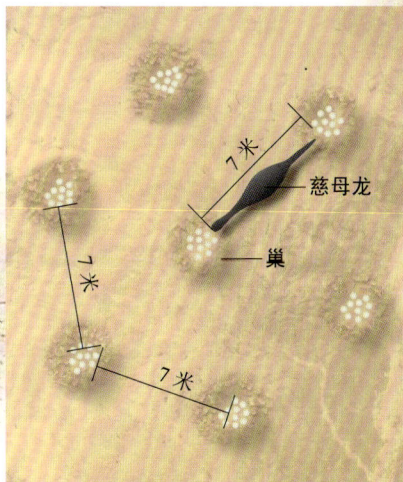

7米

慈母龙

巢

7米

7米

▲群落中的巢
蛋山遗址的巢排列均匀。每两个巢之间的距离大致等于一只成年慈母龙的身长。慈母龙的庞大的群体或各个群落可能将巢建在一起，以保护它们免受攻击。尽管这个遗址叫做蛋山，但是，在白垩纪晚期，这里没有形成山。在那时，它位于一个大淡水湖的岸边。

蛋散落于体腔中

▲美颌龙和它的蛋
最早发现的完整恐龙骨骼中，有一具是小型兽脚类恐龙美颌龙的。它于1861年被发现，但是，直到20世纪90年代，科学家们才对石灰岩上骨骼周围的小团块做了仔细的观察。这些小团块是很小的蛋。这块化石显示这只雌性美颌龙即将产卵。在它死后不久，它的蛋就从体腔中散落出来。

不断改变的认识

从来没有人见过活着的恐龙，所以，科学家们只能依赖化石残骸提供的线索，猜测这些古老爬行动物的样子和它们活着时候的行为。一些零散的证据显示，对于一些我们现在所知的恐龙，早期的恐龙专家确信无疑的一些东西是不正确的。新的发现在不断地出现，每一个都在增加我们对恐龙的认识——有时证实我们的假设，有时却完全推翻我们对某一种恐龙已经接受的认识。我们会举几个这样的例子。

▼凶猛，却有绒毛

在 20 世纪 90 年代中期，人们对恐龙外貌的认识有一个跳跃式进展，这次发现属于最重要的发现之一。在那之前，人们认为，因为恐龙是爬行动物，所以它们全部都有鳞状皮肤。然而根据在中国发现的化石，科学家们不再相信这一观点适用于所有的恐龙。证据显示，一些小型猎食恐龙，如伶盗龙，身体长有羽毛和绒毛。这些身体覆盖物通常与鸟类相似，所以这些发现支持了恐龙和鸟类有关联的理论。

没有皮毛和羽毛的伶盗龙

◀从树上下来

第一块棱齿龙化石是于 1849 年，在英国怀特岛发现的。在那时，人们认为这种小型、敏捷的食草恐龙生活在树上，它的长尾用来平衡树枝上的身体，利爪用来抓牢树枝。现在，这一观点被证明是完全错误的。如今，科学家们相信棱齿龙实际上是一种地上生活的恐龙，它直硬的尾不接触地面，以在行动中维持平衡，稳定身体。它带爪的前肢很可能用来抓握食用的植物。

尾不接触地面

没有羽毛的后肢减小空气阻力，帮助伶盗龙跑得更快

前肢无力，以致不能抓牢树枝

地面上的棱齿龙

沼泽中的冠龙

◀离开沼泽地

近几年，人们关于冠龙生活方式的认识发生了改变。这些不断改变的观点都是因其头冠功能而产生的。因为头冠是中空的，所以它曾被认为是像通气管一样的水下呼吸管。这一结论让科学家们相信冠龙是生活在水中的。而现在，我们知道了冠龙是一种陆生动物，它的头冠是用来炫耀的或用来发出声音。

干地上的冠龙

巨大的颅骨内含大容量的脑，使伶盗龙成为一个聪明的捕食者

细长的颌，用来刺入动物尸体并咬取肉食

小却锋利的牙齿

面部颜色以及躯体和羽毛的颜色只能依靠猜测

有羽毛的伶盗龙

柔软的绒毛和羽毛覆盖着身体

弯曲的趾爪生长在每只足的第二个趾上

指的末端是长而锋利的爪

随着时间更改的禽龙

19世纪50年代的禽龙

1853年，英国雕刻家本杰明·瓦特豪斯·霍金斯塑造了一个混凝土的禽龙模型。在欧文·理查德爵士的指导下，禽龙被塑造成一只体型笨重的四足恐龙，而且在它的鼻子顶端有一只角。

吻角

19世纪80年代的禽龙

在比利时贝尼萨特发现的骨骼化石从根本上修正了对禽龙的认识。禽龙不再有鼻角，并被正式确认为是一种两足的、看起来像袋鼠一样的恐龙。但是它的尾拖在地面上。

尾置于地面

如今的禽龙

现在，人们认为禽龙沉重的尾是离开地面的，用于反向平衡它的体重。另外，它也不是曾经认为的纯粹的两足动物。近来的研究显示，它可能既可以两足行动，也可以四足行动。

尾不接触地面

theories

理论

展示的恐龙

在博物馆里可以以多种方式向人们展示恐龙。原始化石在玻璃罩中展示，且通常与埋藏它的岩石一起展出。完整的恐龙骨架被支起，展现一个立体的恐龙形态，显示它的大小和结构。一具支起的骨架被叫做重建物。还有一些展品用来展示恐龙的生活状态，比如绘画，或置身于模拟生活环境中的恐龙模型。这些被称为复原物。

博物馆中不同的功能区

化石贮藏

大多数的恐龙化石是不展出的。它们被保存在博物馆和大学的储藏室中，供科学家们研究使用。有时也因为它们太过于珍贵或易碎而不能公开展出。通常，也因为它们看起来并不美观。只有最好的展品才用来展出。化石太沉重，太易碎，不能被支起，所以，一些展览品是由原始骨骼的复制模型组成的。

展览式实验室

一些现代博物馆的制备实验室中都带有一个观察间，以便公众可以看到工作中的技术人员和古生物学家。这有助于告诉公众，恐龙的研究一直在进行着，而且，大量的工作都有古生物学家的参与。有时，公众也可以与古生物学家见面，并向他们咨询问题。

传统展示

将原始骨骼化石在坚固的钢架上组装成完整的恐龙骨架，这是博物馆展出恐龙化石的传统方式。它们使人们对这种奇特动物的体型和结构产生强烈的印象。在过去，化石会被涂上深色的焦油，以便保存；但是现在这种方法已不再使用，因为它会掩盖掉许多细节。

长而僵硬的尾便于恐龙在奔跑和跳跃时保持平衡

支架位于复制骨骼的内部，不能被看到

像鸟一样的足，有可怕的钩状爪，用来撕碎猎物

骨架很轻，可以只靠一个支点固定在地板上

弯曲的脊柱表明恐龙扭转身体时快速而灵活

轻巧的颅骨，只需要很少的支撑力

颌内含猎手所需的巨大而尖利的牙齿

e ▶▶ museums

博物馆

长有致命抓握爪的细长前肢

▲重建物

这具带有镰刀状爪的奔龙骨架向我们展示了一正在运动中的恐龙的姿态，而非传统的静立姿态。奔龙，意思是"奔跑的蜥蜴"，是一种攻击性强的猎食动物。它后肢的位置、大张的颌向我们明显地证明着这一点。像这样由原始骨骼复制品支建的骨架，材料坚固而轻巧，更容易处理和支起。

◀复原物

一些博物馆中有原大小的恐龙模型，就好像可以活动的活着的恐龙。在这只异特龙的体内藏有一整排的电子机器人，这些机器可以使它们移动前肢，张开或闭合颌部，眨眼睛，像呼吸一样收缩和扩张胸腔。这些模型经常装配有发声装置，使它们更加逼真。有些甚至还有味道，散发出食肉恐龙牙齿间残留腐肉的恶臭。

进化

　　年幼的动物长大后会与它们的父母很相似，但是绝不可能完全一样。如果一只动物比同种的其他动物行动更快，它就可能会捕到更多的猎物，吃得更好，也就会更健康，对异性配偶更具吸引力。它快速行动的能力很可能会遗传给它的后代和后代的后代。经过几代，这一物种将进化（演变）成非常出色的捕猎者。这一过程叫做自然选择，最早是由查尔斯·达尔文在19世纪提出的，这一理论解释了地球上生命从最原始的年代就开始进化的方式。

evolution
进化

46亿～5.45亿年前			前寒武纪	生命的起源和文德纪生物体的进化	莫森水母　粘藻
5.45亿～4.9亿年前	古生代		寒武纪	海洋中出现单细胞和多细胞生命	小油栉虫
4.9亿～4.45亿年前			奥陶纪	海洋中出现软体动物和有颚脊椎动物	直角石　鹦鹉螺
4.45亿～4.15亿年前			志留纪	植物和蜘蛛等节肢动物生活在陆地上	刺吁蕨　伪海百合
4.15亿～3.55亿年前			泥盆纪	脊椎动物发展出四肢和指/趾	盾鳍鱼
3.55亿～2.9亿年前			石炭纪	爬行动物和会飞的昆虫广泛分布在陆地上	似草履鱼
2.9亿～2.5亿年前			二叠纪	帆背单弓类动物漫步在地球上	基龙　笠头螈
2.5亿～2亿年前	中生代		三叠纪	首次出现恐龙、哺乳动物、龟和青蛙	水龙兽
2亿～1.45亿年前			侏罗纪	翼龙翱翔在空中，恐龙统治着陆地	原角鼻龙　翼手龙
1.45亿～6500万年前			白垩纪	恐龙灭绝，取而代之的是第一批现代哺乳动物	三角龙
6500万～5300万年前	新生代	第三纪	古新世	枭、鼩鼱和豪猪出现	纹齿兽　伪齿兽
5300万～3370万年前			始新世	马、象、狗和猫开始在地球上生活	古蝠　始祖马
3370万～2350万年前			渐新世	首次出现猴子、鹿和犀牛	渐新象
2350万～530万年前			中新世	首次出现猿、鼠和许多新的哺乳动物	萨摩麟
530万～164万年前			上新世	牛、羊很常见，鲸多种多样	野牛　弓鲸
164万～1万年前		第四纪	更新世	第一批现代人出现	巨猿
1万年前～现在			全新世	人类行为导致一些物种灭绝	现代人

分类

科学家们研究了许多不同的分类系统来描述生物。这里使用的是进化树，它可以显示出不同动物物种之间的关系。进化树的每一个分支都是一个进化枝，其中包括最原始的物种和它的后裔，下图展示了某一类恐龙是如何进化的。每一个恐龙进化枝都具有某些共同的特征，它们形体看起来可能相似，可能行动的方式相似，或者具有相同的习性或生活方式。

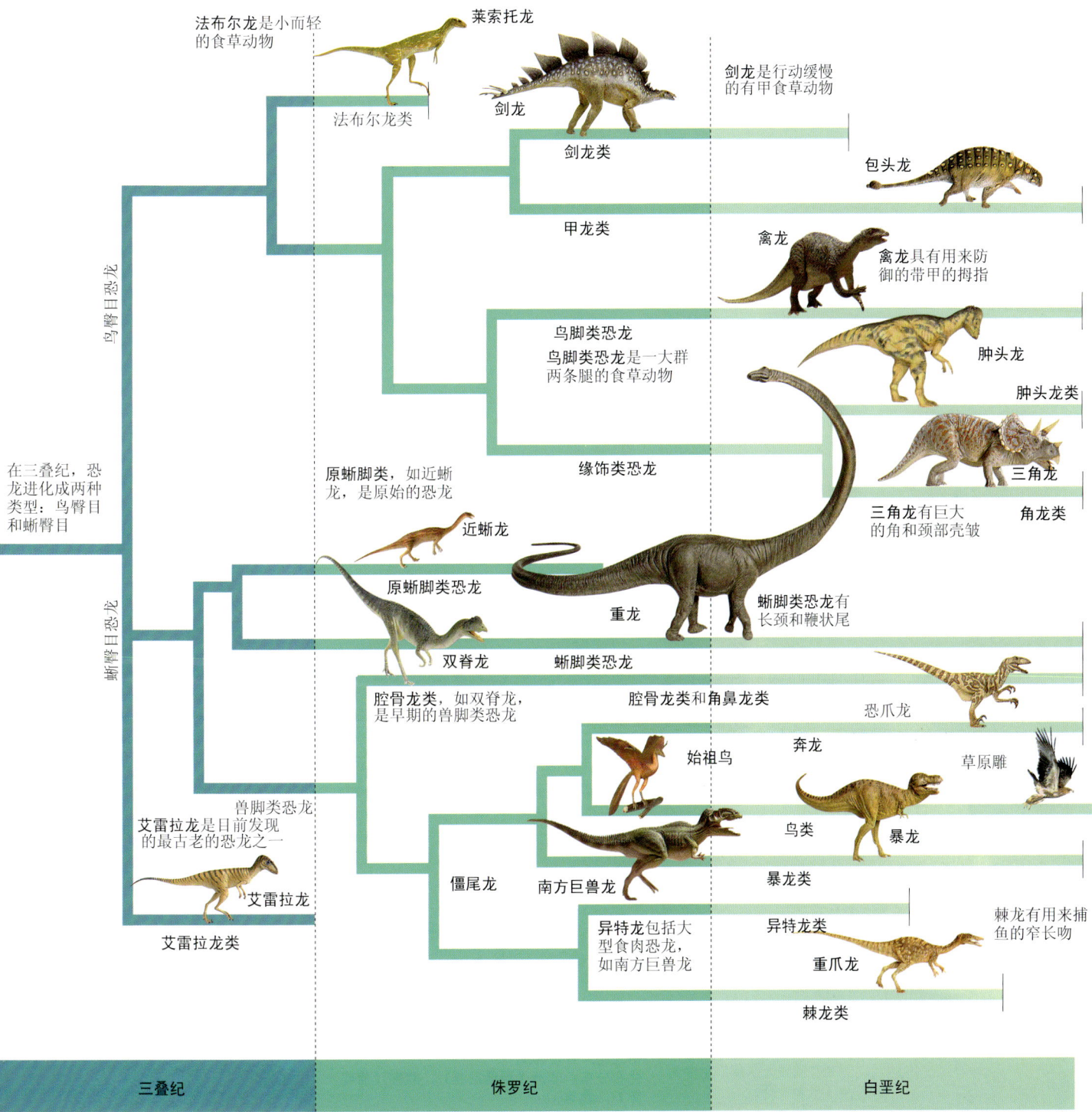

classification

分类

法布尔龙是小而轻的食草动物

莱索托龙

剑龙

剑龙是行动缓慢的有甲食草动物

法布尔龙类

剑龙类

包头龙

甲龙类

禽龙

禽龙具有用来防御的带甲的拇指

鸟脚类恐龙

鸟脚类恐龙是一大群两条腿的食草动物

肿头龙

肿头龙类

缘饰类恐龙

三角龙

角龙类

原蜥脚类，如近蜥龙，是原始的恐龙

近蜥龙

三角龙有巨大的角和颈部壳皱

鸟臀目恐龙

在三叠纪，恐龙进化成两种类型：鸟臀目和蜥臀目

原蜥脚类恐龙

重龙

蜥脚类恐龙有长颈和鞭状尾

蜥臀目恐龙

双脊龙

蜥脚类恐龙

腔骨龙类，如双脊龙，是早期的兽脚类恐龙

腔骨龙类和角鼻龙类

恐爪龙

奔龙

草原雕

始祖鸟

兽脚类恐龙

艾雷拉龙是目前发现的最古老的恐龙之一

鸟类

暴龙

僵尾龙

南方巨兽龙

暴龙类

艾雷拉龙

异特龙包括大型食肉恐龙，如南方巨兽龙

异特龙类

棘龙有用来捕鱼的窄长吻

艾雷拉龙类

重爪龙

棘龙类

| 三叠纪 | 侏罗纪 | 白垩纪 |

恐龙档案

在世界各地都能找到恐龙化石，而且更多的化石正在被发现。每当古生物学家或其他科学家对一块新化石进行检测后，就会搜集到更多关于恐龙的生活方式和栖息地的信息。以下的恐龙档案概括了我们目前所知的、在这本书中出现的恐龙的情况。

profiles

档案

ACANTHOPHOLIS "SPINY SCALES"
棘甲龙 "有刺的鳞"
拉丁文学名发音：a-KAN-tho-FOLE-is
最长体长：4m（13 ft）
生活时期：白垩纪早期
食物：植物
栖息地：河流、林地
化石分布：南美洲（玻利维亚），欧洲（英格兰）

ALBERTOSAURUS "LIZARD FROM ALBERTA"
阿尔伯脱龙 "来自亚伯达的蜥蜴"
拉丁文学名发音：al-BERT-oh-SAW-rus
最长体长：8m（26 ft）
生活时期：白垩纪晚期
食物：猎食和食腐
栖息地：开阔林地
化石分布：北美洲（美国，加拿大）

ALLOSAURUS "DIFFERENT LIZARD"
异特龙 "不一样的蜥蜴"
拉丁文学名发音：AL-oh-SAW-rus
最长体长：12m（39 ft）
生活时期：侏罗纪晚期
食物：肉类
栖息地：原野
化石分布：北美洲（美国西部），澳大利亚

ANCHISAURUS "NEAR LIZARD"
近蜥龙 "近似蜥蜴"
拉丁文学名发音：AN-ki-SAW-rus
最长体长：2.5m（8 ft）
生活时期：侏罗纪早期
食物：植物
栖息地：干旱的热带稀树草原
化石分布：北美洲（美国康涅狄格州，马萨诸塞州）

ANHANGUERA "OLD DEVIL"
古魔翼龙 "古老的恶魔"
拉丁文学名发音：AN-han-GER-a
最长翼展：4.5m（15 ft）
生活时期：白垩纪早期
食物：鱼
栖息地：沿海地区
化石分布：南美洲（巴西）

ANKYLOSAURUS "FUSED LIZARD"
甲龙 "结实的蜥蜴"
拉丁文学名发音：an-KY-low-SAW-rus
最长体长：10.5m（34 ft）
生活时期：白垩纪晚期
食物：植物
栖息地：森林
化石分布：北美洲（美国蒙大拿州，加拿大亚伯达），南美洲（玻利维亚）

APATOSAURUS "DECEPTIVE LIZARD"
迷惑龙 "虚伪的蜥蜴"
拉丁文学名发音：a-PAT-oh-SAW-rus
最长体长：21m（69 ft）
生活时期：侏罗纪晚期
食物：植物
栖息地：泛滥平原
化石分布：北美洲（美国俄克拉荷马州，犹他州，怀俄明州）

ARCHAEOPTERYX "ANCIENT WING"
始祖鸟 "古老的翼"
拉丁文学名发音：ar-kee-OP-ter-ix
最长翼展：0.5m（1 ft 6 in）
生活时期：侏罗纪晚期
食物：小动物
栖息地：热带荒漠岛屿
化石分布：西欧

BARAPASAURUS "BIG LEG"
巨脚龙 "巨大的腿"
拉丁文学名发音：ba-RA-pa-SAW-rus
最长体长：18m（59 ft）
生活时期：侏罗纪早期
食物：植物
栖息地：低洼的泛滥平原
化石分布：亚洲（印度）

BAROSAURUS "HEAVY LIZARD"
重龙 "沉重的蜥蜴"
拉丁文学名发音：BAR-o-SAW-rus
最长体长：27m（89 ft）
生活时期：侏罗纪晚期
食物：植物
栖息地：泛滥平原
化石分布：北美洲（美国西部），非洲（坦桑尼亚）

BARYONYX "HEAVY CLAW"
重爪龙 "沉重的爪"
拉丁文学名发音：BAR-ee-ON-ix
最长体长：9.5m（31 ft）
生活时期：白垩纪早期
食物：鱼
栖息地：河流，林地
化石分布：欧洲（英格兰）

BTACHIOSAURUS "ARMED LIZARD"
腕龙 "武装的蜥蜴"
拉丁文学名发音：BRACK-ee-oh-SAW-rus
最长体长：25m（82 ft）
生活时期：侏罗纪中期至晚期
食物：植物
栖息地：开阔林地
化石分布：非洲（坦桑尼亚），欧洲（葡萄牙），北非

BRACHYLOPHOSAURUS "SHORT-CRESTED LIZARD"
短冠龙 "短冠蜥蜴"
拉丁文学名发音：brack-ee-LOAF-oh-SAW-rus
最长体长：7m（23 ft）
生活时期：白垩纪晚期
食物：植物
栖息地：沼泽
化石分布：北美洲（加拿大亚伯达）

CAMARASAURUS "CHAMBERED LIZARD"
圆顶龙 "有空间的蜥蜴"
拉丁文学名发音：kam-AR-a-SAW-rus
最长体长：18m（59 ft）
生活时期：侏罗纪晚期
食物：植物
栖息地：泛滥平原
化石分布：北美洲（美国科罗拉多州，新墨西哥州，犹他州，怀俄明州），欧洲（葡萄牙）

CAMPTOSAURUS "FLEXIBLE LIZARD"
弯龙 "可以弯曲的蜥蜴"
拉丁文学名发音：KAMP-toe-SAW-rus
最长体长：7m（23 ft）
生活时期：侏罗纪晚期至白垩纪早期
食物：低注处植物
栖息地：有树林的低地
化石分布：北美洲（美国犹他州），欧洲

CARCHARODONTOSAURUS "SHARK-TOOTHED LIZARD"
鲨齿龙 "有鲨鱼牙齿的蜥蜴"
拉丁文学名发音：kar-KAR-oh-DONT-oh-SAW-rus
最长体长：13.5m（44 ft）
生活时期：白垩纪早期
食物：猎食和食腐
栖息地：有树林的河谷
化石分布：北非（埃及，摩洛哥，突尼斯，阿尔及利亚，利比亚，尼日尔）

CARNOTAURUS "FLESH-EATING"
食肉牛龙 "食肉的"
拉丁文学名发音：KAR-noh-TOR-us
最长体长：7.5m（25 ft）
生活时期：白垩纪中期至晚期
食物：肉类
栖息地：干旱平原
化石分布：南美洲（阿根廷）

CERATOSAURUS "HORNED LIZARD"
角鼻龙 "有角的蜥蜴"
拉丁文学名发音：SER-a-toe-SAW-rus
最长体长：6m（20 ft）
生活时期：侏罗纪晚期
食物：猎食和食腐
栖息地：开阔原野

化石分布：北美洲（美国科罗拉多州，犹他州），非洲（坦桑尼亚）

COELOPHYSIS "HOLLOW FORM"

腔骨龙 "中空的形式"
拉丁文学名发音：SEEL-oh-FY-sis
最长体长：2.8m（9 ft）
生活时期：三叠纪晚期
食物：爬行动物，鱼，其他恐龙
栖息地：干旱的热带稀树草原
化石分布：北美洲（亚利桑那州，犹他州，新墨西哥州）

COMPSOGNATHUS "PRETTY JAW"

美颌龙 "美丽的颌"
拉丁文学名发音：KOMP-sow-NAY-thus
最长体长：1.4m（4ft 6in）
生活时期：侏罗纪晚期
食物：昆虫，蜥蜴，其他小动物
栖息地：荒岛
化石分布：欧洲（德国，法国）

CORYTHOSAURUS "HELMET LIZARD"

冠龙 "有头盔的蜥蜴"
拉丁文学名发音：ko-RITH-oh-SAW-rus
最长体长：10m（33ft）
生活时期：白垩纪晚期
食物：低洼处植物
栖息地：森林
化石分布：北美洲（美国蒙大拿州，加拿大亚伯达）

CRYOLOPHOSAURUS "FROZEN-CRESTED LIZARD"

冰脊龙 "有冰冻脊突的蜥蜴"
拉丁文学名发音：KRIE-ol-lof-oh-SAW-rus
最长体长：6m（20 ft）
生活时期：侏罗纪早期
食物：猎食原蜥脚类和其他植食恐龙
栖息地：湿暖的河岸
化石分布：南极洲

DEINONYCHUS "TERRIBLE CLAW"

恐爪龙 "可怕的爪"
拉丁文学名发音：DIE-no-NIKE-us
最长体长：3m（10ft）
生活时期：白垩纪早期
食物：肉类
栖息地：开阔林地
化石分布：北美洲（美国蒙大拿州，犹他州，怀俄明州）

DIPLODOCUS "DOUBLE-BEAMED"

梁龙 "双梁的"
拉丁文学名发音：dip-LOD-oh-kus
最长体长：27m（89ft）
生活时期：侏罗纪晚期
食物：植物
栖息地：泛滥平原
化石分布：北美洲（美国科罗拉多州，蒙大拿州，犹他州，怀俄明州）

DILOPHOSAURUS "TWO-RIDGE LIZARD"

双脊龙 "双脊蜥蜴"
拉丁文学名发音：DYE-lo-fuh-SAW-rus
最长体长：6m（20ft）
生活时期：侏罗纪晚期
食物：肉类

栖息地：密灌丛和开阔林地
化石分布：北美洲（美国亚利桑那州），中国

DROMAEOSAURUS "RUNNING LIZARD"

奔龙 "奔跑的蜥蜴"
拉丁文学名发音：DROME-ee-oh-SAW-rus
最长体长：1.8m（6 ft）
生活时期：白垩纪晚期
食物：肉类，包括其他恐龙
栖息地：开阔林地
化石分布：北美洲（美国蒙大拿州，加拿大亚伯达）

DRYOSAURUS "OAK TREE LIZARD"

橡树龙 "橡树蜥蜴"
拉丁文学名发音：DRY-oh-SAW-rus
最长体长：3m（10ft）
生活时期：侏罗纪晚期
食物：矮小植物
栖息地：森林
化石分布：非洲（坦桑尼亚），北美洲（美国科罗拉多州，怀俄明州）

DSUNGARIPTERUS "JUNGGAR BASIN WING"

准葛尔翼龙 "准葛尔盆地的翅膀"
拉丁文学名发音：JUNG-gan-RIP-te-rus
最长体长：3m（10ft）
生活时期：白垩纪早期
食物：鱼，贝类，海边动物
栖息地：海岸
化石分布：亚洲（中国）

EDMONTONIA "FROM EDMONTON"

埃德蒙顿甲龙 "来自埃德蒙顿"
拉丁文学名发音：ed-MONT-oh-NIA
最长体长：7m（23ft）
生活时期：白垩纪晚期
食物：矮小植物
栖息地：开阔林地
化石分布：北美洲（加拿大亚伯达；美国阿拉斯加州，蒙大拿州）

EDMONTOSAURUS "EDMONTON LIZARD"

埃德蒙顿龙 "埃德蒙顿蜥蜴"
拉丁文学名发音：ed-MONT-oh-SAW-rus
最长体长：13m（43ft）
生活时期：白垩纪晚期
食物：低洼处植物
栖息地：沼泽
化石分布：北美洲（美国怀俄明州、蒙大拿州、新泽西州；加拿大亚伯达）

ELASMOSAURUS "THIN-PLATED LIZARD"

薄板龙 "薄板蜥蜴"
拉丁文学名发音：ee-LAZ-mo-SAW-rus
最长体长：14m（46ft）
生活时期：白垩纪晚期
食物：鱼，游动的贝类
栖息地：浅海
化石分布：北美洲（美国怀俄明州、堪萨斯州），亚洲（日本）

EORAPTOR "DAWN RAPTOR"

始盗龙 "曙光猛禽"
拉丁文学名发音：ee-oh-RAP-tor
最长体长：1m（3ft）
生活时期：三叠纪晚期
食物：猎食和食腐
栖息地：河谷

化石分布：南美洲（阿根廷）

EUOPLOCEPHALUS "WELL-ARMORED LIZARD"

包头龙 "穿好护甲的蜥蜴"
拉丁文学名发音：you-op-luh-SEF-uh-lus
最长体长：7m（23ft）
生活时期：白垩纪晚期
食物：低洼处植物
栖息地：开阔林地
化石分布：北美洲（美国蒙大拿州，加拿大亚伯达）

GALLIMIMUS "ROOSTER MIMIC"

似鸡龙 "像公鸡的"
拉丁文学名发音：GAL-ih-MIME-us
最长体长：6m（20 ft）
生活时期：白垩纪晚期
食物：昆虫，蜥蜴，蛋，植物
栖息地：河谷
化石分布：亚洲（蒙古）

GASTONIA "FOR GASTON"

加斯顿龙 "因加斯顿而得名"
拉丁文学名发音：gas-TONE-ia
最长体长：5m（16ft）
生活时期：白垩纪早期
食物：低洼处植物
栖息地：开阔林地
化石分布：北美洲（美国犹他州）

GIGANOTOSAURUS "GIANT SOUTHERN LIZARD"

南方巨兽龙 "巨大的南方蜥蜴"
拉丁文学名发音：gi-GANT-oh-SAW-rus
最长体长：13m（43ft）
生活时期：白垩纪晚期
食物：肉类
栖息地：泛滥平原
化石分布：南美洲（阿根廷）

HADROSAURUS "BULKY LIZARD"

鸭嘴龙 "庞大的蜥蜴"
拉丁文学名发音：HAD-roe-SAW-rus
最长体长：10m（33 ft）
生活时期：白垩纪晚期
食物：植物
栖息地：有树林的低地
化石分布：北美洲（美国新泽西州，蒙大拿州，新墨西哥州；加拿大亚伯达）

HERRERASAURUS "HERRERA'S LIZARD"

埃雷拉龙 "埃雷拉的蜥蜴"
拉丁文学名发音：her-rare-uh-SAW-rus
最长体长：4m（13ft）
生活时期：三叠纪晚期
食物：肉类
栖息地：河谷
化石分布：南美洲（阿根廷）

HETERODONTOSAURUS "DIFFERENT-TOOTHED LIZARD"

异齿龙 "不一样牙齿的蜥蜴"
拉丁文学名发音：HET-er-oh-DONT-oh-SAW-rus
最长体长：1.3m（4ft）
生活时期：三叠纪晚期至侏罗纪早期
食物：植物
栖息地：干旱低地
化石分布：非洲（南非）

HYLAEOSAURUS "WOODLAND LIZARD"

林龙 "林地蜥蜴"

拉丁文学名发音：HY-lee-oh-SAW-rus
最长体长：4m（13ft）
生活时期：白垩纪早期
食物：植物
栖息地：开阔林地
化石分布：南美洲（玻利维亚），英格兰

HYPSILOPHODON "HIGH-CRESTED TOOTH"

棱齿龙　"高冠的牙齿"
拉丁文学名发音：hip-see-LOAF-oh-don
最长体长：2.3m（6 ft）
生活时期：白垩纪早期
食物：矮小植物
栖息地：林地
化石分布：欧洲（英国，西班牙，葡萄牙），北美洲（美国南达科他州）

ICHTHYOSAURUS "FISH LIZARD"

鱼龙　"鱼蜥蜴"
拉丁文学名发音：ICK-thee-oh-SAW-rus
最长体长：3m（10 ft）
生活时期：侏罗纪早期至白垩纪早期
食物：鱼，乌贼
栖息地：宽阔海洋
化石分布：北美洲（加拿大亚伯达），格陵兰，欧洲（英格兰，德国），南美洲

IGUANODON "IGUANA TOOTH"

禽龙　"鬣鳞蜥牙齿"
拉丁文学名发音：ig-WA-no-DON
最长体长：12m（40 ft）
生活时期：白垩纪早期
食物：树叶，树枝，复叶，蕨
栖息地：林地
化石分布：欧洲，北非，亚洲（蒙古），北美洲

KRONOSAURUS "KRONO'S LIZARD"

长头龙　"长头蜥蜴"
拉丁文学名发音：kro-no-SAW-rus
最长体长：9m（30 ft）
生活时期：白垩纪早期
食物：海洋爬行动物，鱼，贝类
栖息地：宽阔海洋
化石分布：澳大利亚（昆士兰），南美洲（哥伦比亚）

LAMBEOSAURUS "LAMBE'S LIZARD"

赖氏龙　"赖氏蜥蜴"
拉丁文学名发音：LAM-bee-oh-SAW-rus
最长体长：15 m（49 ft）
生活时期：白垩纪晚期
食物：针叶，树叶，嫩枝
栖息地：森林
化石分布：北美洲（美国蒙大拿州；加拿大亚伯达），墨西哥（下加里福尼亚州）

LEAELLYNASAURA "LEAELLYN'S LIZARD"

雷利诺龙　"雷利诺的蜥蜴"
拉丁文学名发音：lee-AL-in-ah-SAW-ra
最长体长：3m（10 ft）
生活时期：白垩纪中期
食物：植物
栖息地：寒冷降雪地区
化石分布：澳大利亚（维多利亚）

LESOTHOSAURUS "LESOTHO LIZARD"

莱索托龙　"莱索托蜥蜴"
拉丁文学名发音：leh-SOTH-uh-SAW-rus

最长体长：1m（3 ft）
生活时期：侏罗纪早期
食物：低洼处植物
栖息地：半荒漠
化石分布：南美洲（委内瑞拉），非洲（莱索托）

MAIASAURA "GOOD MOTHER LIZARD"

慈母龙　"好妈妈蜥蜴"
拉丁文学名发音：MY-a-SAW-ra
最长体长：9m（30 ft）
生活时期：白垩纪晚期
食物：植物
栖息地：有树林的河岸
化石分布：北美洲

MAMENCHISAURUS "MAMEXI LIZARD"

马门溪龙　"马门溪蜥蜴"
拉丁文学名发音：ma-MENCH-ih-SAW-rus
最长体长：25 m（82 ft）
生活时期：侏罗纪晚期
食物：植物
栖息地：泛滥平原
化石分布：亚洲（中国）

MEGALOSAURUS "GREAT LIZARD"

巨齿龙　"大型蜥蜴"
拉丁文学名发音：MEG-a-low-SAW-rus
最长体长：9 m（30 ft）
生活时期：侏罗纪中期
食物：肉类
栖息地：沿海林地
化石分布：欧洲（英国，法国），非洲（摩洛哥）

MUSSAURUS "MOUSE LIZARD"

鼠龙　"老鼠蜥蜴"
拉丁文学名发音：muss-AW-rus
最长体长：3m（10 ft）
生活时期：三叠纪晚期
食物：植物
栖息地：干旱荒漠
化石分布：南美洲（阿根廷）

NOTHOSAURUS "SOUTHERN LIZARD"

幻龙　"南方蜥蜴"
拉丁文学名发音：NOTH-uh-SAW-rus
最长体长：3m（10 ft）
生活时期：三叠纪
食物：鱼
栖息地：热带浅海
化石分布：欧洲（德国，意大利，荷兰，瑞士），北非，亚洲（俄罗斯，中国，以色列）

ORODROMEUS "MOUNTAIN RUNNER"

奔山龙　"奔山者"
拉丁文学名发音：OR-ro-DRO-me-us
最长体长：2.5m（8 ft）
生活时期：白垩纪晚期
食物：植物
栖息地：开阔林地
化石分布：北美洲（美国蒙大拿州）

OURANOSAURUS "BRAVE LIZARD"

无畏龙　"勇敢的蜥蜴"
拉丁文学名发音：oo-RAN-oh-SAW-rus
最长体长：7m（23 ft）
生活时期：白垩纪早期
食物：植物

栖息地：泛滥平原
化石分布：非洲（尼日尔）

OVIRAPTOR "EGG ROBBER"

窃蛋龙　"抢蛋者"
拉丁文学名发音：OVE-ih-RAP-tor
最长体长：2.5m（8 ft）
生活时期：白垩纪晚期
食物：肉类，蛋
栖息地：半荒漠
化石分布：亚洲（蒙古）

PACHYCEPHALOSAURUS "THICK-HEADED LIZARD"

肿头龙　"头部厚重的蜥蜴"
拉丁文学名发音：PAK-ee-KEF-al-oh-SAW-rus
最长体长：4.6 m（15 ft）
生活时期：白垩纪晚期
食物：树叶，水果，小动物
栖息地：森林
化石分布：北美洲（美国，加拿大亚伯达），欧洲（英国），亚洲（蒙古），非洲（马达加斯加）

PACHYRHINOSAURUS "THICK-NOSED LIZARD"

厚鼻龙　"鼻子厚重的蜥蜴"
拉丁文学名发音：PAK-ee-RINE-oh-SAW-rus
最长体长：7 m（23 ft）
生活时期：白垩纪晚期
食物：苏铁类和其他植物
栖息地：森林
化石分布：北美洲（加拿大亚伯达，美国阿拉斯加州）

PARASAUROLOPHUS "BESIDE SAUROPHOLUS"

副栉龙　"在栉龙旁"
拉丁文学名发音：par-a-SAWR-oh-LOAF-us
最长体长：12m（40 ft）
生活时期：白垩纪晚期
食物：针叶，树叶，嫩枝
栖息地：沼泽
化石分布：北美洲（美国新墨西哥州，犹他州，加拿大亚伯达）

PENTACERATOPS "FIVE-HORNED FACE"

五角龙　"有五个角的脸"
拉丁文学名发音：PEN-ta-SER-a-tops
最长体长：8 m（26 ft）
生活时期：白垩纪晚期
食物：苏铁类，棕榈和其他植物
栖息地：沼泽，森林
化石分布：北美洲（美国新墨西哥州）

PHUWIANGOSAURUS "PHU WIANG LIZARD"

布万龙　"布万蜥蜴"
拉丁文学名发音：poo-WYAHNG-o-SAW-rus
最长体长：30 m（102 ft）
生活时期：白垩纪早期
食物：植物
栖息地：热带林地
化石分布：亚洲（泰国）

PLATEOSAURUS "FLAT LIZARD"

板龙　"平板蜥蜴"
拉丁文学名发音：PLAT-ee-oh-SAW-rus
最长体长：8m（26 ft）
生活时期：三叠纪晚期
食物：松柏类，苏铁类，其他植物
栖息地：干旱荒漠

PROTOCERATOPS "FIRST-HORNED FACE"

原角龙 "第一个有角的脸"
拉丁文学名发音：pro-toe-SER-a-tops
最长体长：2.5m（8 ft）
生活时期：白垩纪晚期
食物：植物
栖息地：荒漠样密灌丛
化石分布：亚洲（蒙古，中国）

PSITTACOSAURUS "PARROT LIZARD"

鹦鹉嘴龙 "鹦鹉蜥蜴"
拉丁文学名发音：si-TAK-oh-SAW-rus
最长体长：2.5 m（8 ft）
生活时期：白垩纪早期
食物：植物，小动物
栖息地：荒漠样密灌丛
化石分布：亚洲（蒙古，中国，泰国）

PTERANODON "WINGED AND TOOTHLESS"

无齿翼龙 "有翅膀而没有牙齿"
拉丁文学名发音：ter-AN-uh-don
最长翼展：9 m（30 ft）
生活时期：白垩纪晚期
食物：鱼，软体动物，海洋动物
栖息地：洲际浅海
化石分布：北美洲（美国南达科他州，堪萨斯州，俄勒冈州），欧洲（英格兰），亚洲（日本）

PTERODACTYLUS "WINGED FINGER"

翼手龙 "有翼的指"
拉丁文学名发音：TER-uh-DAK-ti-lus
最长翼展：1 m（3 ft）
生活时期：侏罗纪晚期
食物：鱼，昆虫
栖息地：沿岸平原和绝壁
化石分布：欧洲（英格兰，法国，德国），非洲（坦桑尼亚）

RHAMPHORHYNCHUS "BEAK SNOUT"

嘴口龙 "喙吻"
拉丁文学名发音：RAM-for-RINE-cus
最长翼展：1.75 cm（4 in）
生活时期：侏罗纪晚期
食物：鱼
栖息地：沿岸平原和绝壁
化石分布：欧洲（德国，英格兰），非洲（坦桑尼亚）

SALTASAURUS "SALTA PROVINCE LIZARD"

萨尔塔龙 "萨尔塔省蜥蜴"
拉丁文学名发音：SALT-a-SAW-rus
最长体长：12 m（40 ft）
生活时期：白垩纪晚期
食物：植物
栖息地：低地
化石分布：南美洲（阿根廷，乌拉圭）

SCELIDOSAURUS "LIMB LIZARD"

肢龙 "四肢蜥蜴"
拉丁文学名发音：skel-IDE-oh-SAW-rus
最长体长：4m（13ft）
生活时期：侏罗纪早期
食物：植物
栖息地：河谷
化石分布：欧洲，北美洲（美国亚利桑那州）

SEISMOSAURUS "QUAKE LIZARD"

地震龙 "震动的蜥蜴"

拉丁文学名发音：SIZE-mo-SAW-rus
最长体长：52 m（171ft）
生活时期：侏罗纪晚期
食物：松柏类和其他植物
栖息地：泛滥平原

SPINOSAURUS "SPINY LIZARD"

棘龙 "有棘的蜥蜴"
拉丁文学名发音：SPINE-o-SAW-rus
最长体长：15 m（49 ft）
生活时期：白垩纪中期
食物：鱼，其他恐龙，也可能腐食
栖息地：有树林河谷
化石分布：非洲（埃及，摩洛哥）

STEGOSAURUS "ROOF LIZARD"

剑龙 "有盖的蜥蜴"
拉丁文学名发音：STEG-o-SAW-rus
最长体长：9 m（30 ft）
生活时期：侏罗纪晚期
食物：低洼处植物
栖息地：开阔林地
化石分布：北美洲（犹他州，怀俄明州，科罗拉多州），欧洲（英国），亚洲（印度，中国），非洲

STYRACOSAURUS "SPIKED LIZARD"

戟龙 "有尖顶的蜥蜴"
拉丁文学名发音：sty-RAK-oh-SAW-rus
最长体长：5 m（16 ft）
生活时期：白垩纪晚期
食物：蕨类，苏铁类，其他植物
栖息地：开阔林地
化石分布：北美洲（美国亚利桑那州和蒙大拿州，加拿大亚伯达）

SUCHOMIMUS "CROCODILE MIMIC"

似鳄龙 "像鳄鱼的"
拉丁文学名发音：SOOK-o-MIEM-us
最长体长：11 m（36 ft）
生活时期：白垩纪早期
食物：鱼，肉类
栖息地：泛滥平原
化石分布：非洲（尼日尔）

THESCELOSAURUS "WONDERFUL LIZARD"

奇异龙 "奇妙的蜥蜴"
拉丁文学名发音：THES-kel-o-SAW-rus
最长体长：4 m（13 ft）
生活时期：白垩纪晚期
食物：植物
栖息地：有树林的低地
化石分布：北美洲（美国蒙大拿州，南达科他州，怀俄明州，加拿大亚伯达和萨克其万）

TITANOSAURUS "TITAN LIZARD"

巨龙 "巨大的蜥蜴"
拉丁文学名发音：tie-TAN-oh-SAW-rus
最长体长：20 m（66 ft）
生活时期：白垩纪晚期
食物：植物
栖息地：开阔平原
化石分布：南美洲（阿根廷），欧洲（法国），亚洲（印度），非洲（马达加斯加）

TRICERATOPS
"HORRIBLE THREE-HORNED FACE"

三角龙 "可怕的有三只角的脸"
拉丁文学名发音：try-SER-a-tops
最长体长：9 m（30 ft）

生活时期：白垩纪晚期
食物：低洼处植物
栖息地：森林
化石分布：北美洲西部

TROODON "WOUNDING TOOTH"

伤齿龙 "受伤的牙齿"
拉丁文学名发音：TROE-o-don
最长体长：3.5 m（11 ft）
生活时期：白垩纪晚期
食物：肉类
栖息地：开阔林地
化石分布：北美洲（美国蒙大拿州，怀俄明州；加拿大亚伯达）

TROPEOGNATHUS "KEEL JAW"

脊颌翼龙 "有脊棱的颌"
拉丁文学名发音：TRO-peog-NA-thus
最长体长：6 m（20 ft）
生活时期：白垩纪早期
食物：鱼，乌贼
栖息地：宽阔海洋
化石分布：南美洲（巴西）

TYLOSAURUS "SWOLLEN LIZARD"

瘤龙 "肿胀的蜥蜴"
拉丁文学名发音：TIE-lo-SAW-rus
最长体长：8 m（26 ft）
生活时期：白垩纪晚期
食物：鱼，乌贼，龟
栖息地：宽阔海洋
化石分布：北美洲（加拿大马尼托巴省和西北地区；美国堪萨斯州，科罗拉多州，阿拉巴马州，密西西比州），欧洲（比利时）

TYRANNOSAURUS "TYRANT LIZARD"

暴龙 "残暴的蜥蜴"
拉丁文学名发音：tie-RAN-oh-SAW-rus
最长体长：12 m（39 ft）
生活时期：白垩纪晚期
食物：猎食和食腐
栖息地：森林
化石分布：北美洲西部，亚洲（蒙古）

VELOCIRAPTOR "SPEEDY THIEF"

伶盗龙 "敏捷的盗贼"
拉丁文学名发音：vel-o-si-RAP-tor
最长体长：2 m（6 ft）
生活时期：白垩纪晚期
食物：肉类，包括其他恐龙
栖息地：干旱荒漠
化石分布：亚洲（蒙古，中国）

VULCANODON "VULCAN TOOTH"

火山齿龙 "火神的牙齿"
拉丁文学名发音：vul-KAN-oh-don
最长体长：6.5m（21ft）
生活时期：侏罗纪早期
食物：植物
栖息地：干旱热带稀树草原
化石分布：非洲（津巴布韦）

XUANHANOSAURUS "XUANHAN COUNTY LIZARD"

宣汉龙 "宣汉县蜥蜴"
拉丁文学名发音：zwan-HAN-o-SAW-rus
最长体长：6 m（20 ft）
生活时期：侏罗纪中期
食物：肉类
栖息地：湿低地地区
化石分布：亚洲（中国）

人物简介

　　古生物学是研究已经灭绝了的生物的科学。为了寻找和发现已经灭绝的动植物，古生物学家必须是一个博物学家、地质学家、历史学家、考古学家、动物学家、生物学家，或同时兼为其中部分或全部头衔。在这里，你可以找到一些古生物学家和其他对我们拓展奇妙恐龙世界知识有贡献的科学家的简介。

GEORGES LOUIS LECLERC, COMTE DE BUFFON　乔治·路易·勒克莱尔·布丰伯爵（1707—1788年）

　　法国博物学家和作家。向人们普及自然历史。他的专著Histoire Naturelle（《自然历史》）多次出版，并翻译成许多种不同语言。他能够用简单明了的方式表达出复杂的思想。在法国，他曾担任巴黎御花园的管理员，并努力将它变成了植物研究中心。

GEORGES CUVIER　乔治·居维叶（1769—1832年）

　　法国博物学家。是比较解剖学的创立者，引领了脊椎动物的再建。他系统地对软体动物、鱼类、古代哺乳动物和爬行动物进行了分类；对现存动物与化石的结构进行了比较，并认为地球上生命的发展深受偶然突变的影响。他与Alexandre Brongniart一起探索了巴黎盆地的地质学。

ALEXANDRE BRONGNIART　亚历桑德雷·布隆尼亚尔（1770—1847年）

　　法国矿物学家、地质学和化学家。首次对三叶虫进行了系统研究，并发展了爬行动物分类系统。他与Georges Cuvier协作，开创了地层学，通过对岩层的研究，揭示过去的环境和生命类型。1822年，与Cuvier共同绘制了巴黎盆地的第三纪地层图，并收集了当地的化石。

WILLIAM BUCKLAND　威廉·巴克兰（1784—1856年）

　　英国地质学家、牧师。将他的一生都奉献给了大不列颠地质概况的系统研究。1819年，他发现了第一只巨齿龙，尽管当时他并不知道那是一只恐龙。他对其发现进行了深入的描述，论文Geology and Mineralogy（1863）出版了三次。1845年，被授予威斯敏斯特教堂牧师团长的荣誉。

GIDEON MANTELL　吉迪恩·曼特尔（1790—1852年）

　　英格兰南部海岸一位非常成功的医生，也是世界首批业余化石收集者之一。他的妻子Mary Ann Mantell，被认为于1822年发现了首枚禽龙牙齿，之后Mantell花费了很多年来对禽龙进行鉴定。他也首次发现了腕龙、畸形龙、林龙和早期甲龙。

MARY ANNING　马丽·安宁（1799—1847年）

　　早期的化石收集者。其父在英格兰南部海岸的莱姆里吉斯出售化石标本。在那里，她于1811年首次发现了鱼龙，继而又分别在1821年和1828年首次发现了蛇颈龙和翼龙。

RICHARD OWEN　理查德·欧文（804—1892年）

　　比较解剖学家。曾接受过医学知识训练，后就职于大英博物馆，并建立了伦敦自然历史博物馆。是脊椎动物古生物学的先驱，引导开展了已灭绝的爬行动物、哺乳动物和鸟类的研究。1842年创造了"恐龙"这个名词，并负责了首个实体大小恐龙模型的重建，这个模型陈列在伦敦水晶宫。

DOUGLAS AGASSI　道格拉斯·阿格西斯（1807—1873年）

　　瑞士裔美国博物学家。1826年，对南美洲巴西亚马逊河区域捕获的大量鱼进行分类。之后对欧洲已灭绝的鱼进行了详细研究。1844年成为灭绝生命研究方面的先驱，并命名了近1000种已成为化石的鱼类

CHARLES DARWIN　查尔斯·达尔文（1809—1882年）

　　英国博物学家。其观点是现在全球古生物学研究的基石。1831年，他以博物学家的身份乘坐"贝格尔"号登上加拉帕戈斯群岛进行科学考察。他对于现在活着的动物、新灭绝的动物和发现的化石之间的关系进行探察，提出了进化理论，这一理论在当时引起了争论。他相信物种进化是自然选择的结果。他的理论著作《物种起源》于1859年出版，1871年又出版了《人类的由来及性的选择》。

CHARLES OTHNIEL MARSH　查尔斯·奥塞内尔·马什（1831—1899年）

　　美国古生物学家。在德国完成了地

质学和古生物学的学习后，在1860年被授予耶鲁大学古生物学教授。他说服他的叔叔George Peabody建立了耶鲁自然历史Peabody博物馆，并组织了科学探险队深入到美国西部。他与他的最大竞争对手Edward Drinker Cope在19世纪80年代后期垄断着恐龙化石的采集。他命名了大约500种已成为化石的动物，发现了翼手龙、长颈龙、异特龙和早期的马。

ERNST HAECKEL 恩斯特·海克尔 (1834—1919年)

第一个支持达尔文进化理论的杰出的德国生物学家。完成了一个系谱图，展示了不同目动物之间的关系。创造了"门"这一名词，用来表示具有一些共同特征来自不同纲的动物。认为爪哇直立人是猿与人类之间的过渡，并对从单细胞有机体到猩猩，再到爪哇直立人的家系进行了追踪。

WILLIAM PARKER FOULKE 威廉·帕克·佛克（卒于1865年）

美国科学家和恐龙艺术家。发现了第一只美国鸭嘴龙骨骼。骨骼是在1838年由新泽西州的工人发现的。他在1858年听说了这一发现，并意识到它的重要性。Joseph Leidy以他的名字将这只恐龙命名为佛克鸭嘴龙。

EDWARD DRINKER COPE 爱德华·德克林·柯普（1840—1897年）

美国古生物学家。1864～1867年，在宾夕法尼亚州教授比较动物学和植物学，之后用22年的时间勘察得克萨斯州和怀俄明州之间的地区，在那里发现了一些已经灭绝的物种，包括鱼类、爬行动物和哺乳动物。曾就

职于美国地质调查局，研究马和哺乳动物牙齿的进化历史。出版和发表了1200多本书和文章，提出了"柯氏法则"，认为随着时间的延长，将产生更多的物种。他也因和Charles Othniel Marsh展开著名的激烈竞争而被人们记住。他的发现包括圆顶龙和腔骨龙。

LOUIS DOLLO 路易斯·道罗（1857—1931年）

比利时土木工程师和古生物学家。负责了第一只禽龙的重新构建。1878年，他跟随Louis De Pauw工作，学习研究在比利时贝尔尼萨尔一个村庄煤矿中发现的禽龙骨骼。他鉴定了拇指指钩，之前这曾被认为是一只角。道罗认为生物体在进化中能够形成某些特化结构，但在之后又都丢失了。例如，马不能重新进化出已经丢失的侧趾。

EUGENE DUBOIS 尤金·杜布瓦 (1858—1940年)

荷兰解剖学家和地质学者。对人类的进化非常感兴趣，并于1887年到东印度寻找远古人类的遗骸。1891年，发现爪哇猿人的遗骸，这是第一个人类石器时代早期的化石。发现了一百万年历史的原始人类的颌碎片，颅盖和股骨，这个原始人类有着典型的眉脊和扁平消退的额头，将之命名为直立猿人。

EBERHARD FRAAS 埃伯哈德·弗拉士（1862—1915年）

德国博物学家。1900年，到坦桑尼亚，探访了汤达鸠山，并帮助挖掘了250多吨的恐龙骨骼。他也发现了埃弗拉士龙，这是一种原始的植食性恐龙，

是以他的名字来命名的，现在在德国，于1915年命名为副细颚龙。他与Charles Andrews一起提出，古肉食哺乳动物（原始的食肉动物）是鲸的祖先。

ERNST STROMER VON REICHENBACH 恩斯特·斯特莫·莱岑巴赫（1870—1952年）

德国古生物学家。于1911～1914年间发现了埃及的第一只恐龙，它位于开罗西南部的巴哈雷亚绿洲。他找到的棘龙的最初标本已于1944年慕尼黑轰炸时在巴伐利亚古生物国家博物馆中被毁坏。他之后鉴定了这一巨型食肉动物。

BARNUM BROWN 巴纳姆·布朗（1873—1963年）

美国古生物学家，20世纪最著名的恐龙探求者之一。他的发现包括甲龙、准角龙、冠龙、栉龙和第一只暴龙。从1910年到1915年，复原了从加拿大亚伯达雷德迪尔河得到的大量的完整恐龙骨骼。在20世纪30年代，在怀俄明州的农场发现了大批的侏罗纪时期化石。作为助理馆长，为美国自然历史博物馆从世界各地搜集化石。他的足迹不仅在美国国内，也遍布了加拿大、印度、南美州和埃塞俄比亚。

WILLIAM BEEBE 威廉·毕比（1877—1962年）

美国生物学家、探险家、作家和发明家。从孩童时代起就是一个狂热的化石收集者，并于1899年成为纽约动物园的鸟类学负责人。1915年，描绘了一只假想的始祖鸟的祖先，称之为四翼鸟。他还假设似鸟龙（像鸟的恐龙），如恐手龙，是食昆虫的。

ROY CHAPMAN ANDREWS 罗伊·查普曼·安德鲁斯（1884—1960年）

美国博物学家。1906年毕业后，由

美国自然历史博物馆（AMNH）派往阿拉斯加和日本进行探险。在1922年至1925年间，领导了四支探险队深入到蒙古的戈壁滩，在那里发明了新的运载工具——由骆驼牵拉的汽车，进行偏远地区的探查。他的探险队发现了首个石化的恐龙巢群和孵化的幼仔，以及世界上首个伶盗龙骨骼。1934年，他成为AMNH的负责人。他的其他发现包括原角龙、窃蛋龙和蜥鸟龙。

LOUIS LEAKEY 路易斯·利基（1903—1972年）
MARY LEAKEY 玛丽·利基（1913—1996年）

英国古人类学家夫妇。用他们的化石发现证明人类进化是以非洲为中心的，人类比想像中的历史还要久远。1959年，在坦桑尼亚的奥杜威山谷工作时，玛丽发现了一具具有170万年历史的原始人类化石。在1960至1973年间，利基夫妇发现了能人的遗骸，路易斯认为它是现代人类的直接祖先。他们逝世后，他们的儿子Richard Leakey（里查德·利基）续了他们的工作。发现包括原康修尔猿、鲍氏南猿和能人。

MARTIN GLAESSNER 马丁·格莱斯纳（1906—1989年）

澳大利亚地质学家。是第一个对来自澳大利亚南部富林德斯山脉的前寒武纪埃迪卡拉纪化石进行详细描述的人。1961年，他意识到埃迪卡拉纪化石是所知的最古老的多细胞有机体。

LUIS ALVAREZ 路易斯·阿尔瓦雷茨（1911—1988年）

WALTER ALVAREZ 华尔特·阿尔瓦雷茨（生于1940年）

这对美国父子，父亲是地质学家，儿子是物理学家。他们宣称全世界黏土层富含稀有元素铱。这种元素存在于K-T边界（白垩纪和第三纪之间的边界）的岩石中。他们认为因一颗陨石撞击地球而形成了铱富积层，他们推测这甚至可能是恐龙灭绝的原因。

ELSO BARGHOORN 爱尔索·巴格霍恩（生于1915年）
美国古生物学家。1956年，在加拿大安大略省富含二氧化硅的燧石中发现了20亿年前前寒武纪黑硅石中的微体化石。这是一些世界上保存最好的微体化石。1968年，他展示了氨基酸等生物分子化石是如何在岩石中保存的。

ZOFIA KIELAN-JAWOROWSKA 索菲尔柯兰·加沃罗斯卡（生于1925年）

波兰古生物学家。是首位组织并带领探险队深入到戈壁滩（1963～1971年）的女性。在蒙古，她发现了来自白垩纪和早期第三纪的蜥脚类、特暴龙类、鸭嘴恐龙、似鸵鸟类和稀少的哺乳动物。她的著作《寻找恐龙》（1969）为全球古生物学知识普及做出了巨大贡献，尤其是蒙古。她的发现包括争斗中的原角龙和幼年的伶盗龙。

JOSE F. BONAPARTE 约瑟·波拿巴（生于1928年）

阿根廷古生物学家。发现并命名了许多南美洲恐龙，包括鼠龙和萨尔塔龙。1993年，他与Rodolfo Coria共同命名了阿根廷龙。

RODOLFO CORIA 罗多尔夫·科里亚（生年不详）

阿根廷古生物学家。在阿根廷与Jose F. Bonaparte一同工作，共同命名了阿根廷龙。之后，他又鉴定了一种巨型猎食恐龙——南方巨兽龙。南方巨兽龙的残骸是在1994年由一个业余化石采集者在安第斯山脉下的丘陵地带发现的。

RINCHEN BARSBOLD 瑞钦·巴思钵（生于1935年）

蒙古古生物学家，蒙古科学研究院地质研究所所长，他发现了许多新的恐龙物种。1981年发现巴思钵氏龙。该龙由其姓氏而命名，身长10m（30ft），鸭嘴，生活在白垩纪晚期的蒙古地区。其他发现包括窃螺龙、似鹅龙和似鸡龙。

DONG ZHIMING 董枝明（生于1937年）

中国古生物学家。曾跟随中国恐龙之父杨钟健教授学习。是一位成绩斐然的恐龙化石采集者，曾带领探险队深入到戈壁滩和中国云南省进行考察，其发现包括永川龙、重庆龙和古角龙。

PETER GALTON 彼得·加尔东（生于1942年）

英国古生物学家。成功地证明了鸭嘴龙类，如慈母龙和鸭嘴龙，并不是拖着它们的尾巴，而是用它和头部保持平衡。20世纪70年代，提出鸟类和恐龙应该作为恐龙划分在一起。其他发现包括莱索托龙和阿里瓦龙。

ROBERT T. BAKKER 罗伯特·巴克（生于1945年）

美国古生物学家。提出了许多有争议的、革命性的理论，包括恐龙是鸟类的温血的亲戚，而非冷血的巨型蜥蜴。他的恐龙重建模型显示它们可以竖立站起，而不是拖着尾巴。他在许多国家都组织了化石挖掘，包括美国科罗拉多州、尤他州和蒙大拿州，南非，蒙古，津巴布韦和加拿大。他找到了唯一完整的迷惑龙颅骨以及迷惑龙骨头中的特异龙幼仔牙齿。作为他推广恐龙知识普及的一部分，他担任了Steven Spielberg（斯皮尔伯格）发行的电影《侏罗纪公园》的顾问。其他发现包括一只暴龙幼仔和一只剑龙。

JENNIFER CLACK 詹妮弗·克拉克（生于1947年）

英国女古生物学家。检测了泥盆纪四足动物化石，并指出适于水中划行的后肢在之后的进化中适应了陆地行走。这一发现彻底改变了关于四足动物的理论，四足动物被认为是第一批拥有后肢的脊椎动物。还发现了棘螈和优块塔螈。

SUE HENDRICKSON 苏·韩卓克森（生于1949年）

美国海洋考古学家和化石采集者。1990年，在南达科他州找到了迄今为止最大、最完整的暴龙化石。这具化石现在陈列在芝加哥菲尔德博物馆，被命名为"Sue"。

PHILIP J. CURRIE 菲利普·柯尔（生于1949年）

加拿大古生物学家、德拉姆黑勒市古生物学皇家蒂勒尔博物馆馆长。写过大量的有关恐龙的书籍，包括《最新的

和最冷酷的恐龙》（1998）。他区分了二叠纪化石爬行动物，包括来自非洲和马达加斯加的双孔型爬行动物和来自欧洲、美国的单孔亚纲的早期种类。还发现了尾羽龙。

DEREK BRIGGS 德里克·布瑞格斯（生于1950年）

英国古生物学家。因为在中期寒武纪勃捷斯贝岩方面的工作而为人们所熟知。在贝岩中发现了大量的节肢动物。勃捷斯贝岩位于加拿大的不列颠哥伦比亚省，是有5.3亿年历史的泥岩沉积物。他与同事一起发现了几处勃捷斯贝岩分布，说明在那里找到的动物有共同的栖息场所——坎布里亚海。

ERIC BUFFETAUT 埃瑞克·比弗托（生于1950年）

法国地质学家。曾尝试绘制出一幅完整的泰国恐龙进化图。发现了目前所知最古老的蜥脚类恐龙——晚三叠纪的伊森龙。此外，还发现了大量的恐龙足迹化石；在欧洲发现了一种有着9m翼展的大型猎食动物；在法国发现了第一只白垩纪晚期的鸟类。

PAUL SERENO 保罗·塞利诺（生于1957年）

美国古生物学家。在世界各地发现恐龙。命名了最古老的恐龙——始盗龙，并在阿根廷安第斯山脉下的丘陵地带找到了第一只完整的埃雷拉龙颅骨。他的工作小组在撒哈拉找到了非洲猎龙和鲨齿龙的巨大颅骨。重列了恐龙家系图，改编了鸟臀目，并命名了角足亚目。还进行了戈壁滩和印度探险。

LUIS CHIAPPE 路易斯·齐亚比（生于1962年）

阿根廷脊椎古生物学家、美国洛杉矶国家博物馆脊椎古生物学负责人、世界原始鸟类及鸟类与恐龙关系方面研究的权威之一。1998年在巴塔哥尼亚的里奥科罗拉多地区，其工作组挖掘出土了数以千计的巨龙蛋壳和南半球第一只恐龙胚胎，还找到了第一批可鉴定的蜥脚类恐龙的蛋。

biographies

人物简介

词汇表

Adaptation　适应

活着的生物体对周围环境变化的响应。

Age　期

地质学时间单位，具有某些特征（如冰期/冰河时期）。

Amber　琥珀

淡黄色的石化树脂。有时其中含有被包埋的物体。

Ammonite　菊石

一种早期海洋生物。有螺旋状卷曲的壳作为保护，壳里有许多充满空气的小室。

Amphibians　两栖动物

在生命的早期，生活在水中（用鳃呼吸），而成年后通常生活在陆地上（用肺呼吸）的动物。例如，青蛙和蝾螈。

Bipeds　两足动物

用两条后肢行走的动物。许多食肉恐龙是两足动物，包括暴龙。

Body fossils　躯体化石

石化的躯体部分。例如，骨、牙齿、爪、皮肤和胚胎。

Carnivores　食肉动物

以其他动物为食料的动物。通常具有锋利的牙齿和强有力的颌。所有的兽脚类恐龙都是食肉动物，其中一些猎食，而另一些食腐肉。

Cold-blooded　冷血动物

依赖外界温度和它们行为（如晒太阳）调节体温的动物。

Coprolite　粪化石（"粪石头"）

石化的粪便。粪化石可记录史前动物的饮食和栖息地。

Cretaceous Period　白垩纪

中生代的最后一个时期，从1.45亿年前到6500万年前。在白垩纪，有花植物繁茂，恐龙已到达它们的顶峰。在白垩纪末期，发生了大规模的生物灭绝，包括恐龙和许多其他动植物物种。

Cycads　苏铁类植物

原始的种子植物，统治着侏罗纪的地表。它们具有掌形叶，能够结出大的球果。

Dinosaurs　恐龙（"可怕的蜥蜴"）

灭绝的陆地爬行动物。生活在中生代，以直立的姿态行走，髋骨的结构使它们的后肢从身体下方伸展出来，而不像其他爬行动物那样从身体的侧面伸出。

Encephalization Quotient (EQ) 脑化指数 (EQ)

动物的脑重量与同体重相似动物脑重量的比率。

Evolution　进化

一个种群基因库对环境压力、自然选择和遗传突变逐步（上百万年）应答的过程。所有的生命形式都要经过这一过程。

Extinction　灭绝

生物群体（物种）消失的过程。当物种不能够适应环境的改变或不能有效地竞争过其他生物体时，就会灭绝。

Fossils　化石

古老的植物和动物（或其他踪迹，如足迹）矿化了的印模或模型。

Gastroliths　胃石

一些动物吞食并用来帮助将消化系统中粗糙植物碾成粉状的石头。也叫作砂囊石。

Ginkgo　银杏

一种原始的、有种子的落叶树。在中生代很常见。有扇形叶。

Gondwana　冈瓦纳古大陆

在侏罗纪盘古大陆断裂后形成的南大陆。包括现在的南美洲、非洲、印度、澳大利亚和南极洲。

Herbivores　食草动物

摄食植物的动物。大多数恐龙是食草动物。

Horsetail　木贼

一种原始的、产生孢子的植物。常见于中生代。侧枝沿着中空的茎呈环状排列。木贼始于4.08亿～3.6亿年前的泥盆纪，但至今它作为一种侵略性杂草仍随处可见。

Index fossils 标准化石

通常是存在于一段有限时间区间的化石。有助于其他化石的年龄鉴定。

Iridium 铱

地球表面一种稀有的重金属元素。在流星和地核中含量丰富。

Jurassic Period 侏罗纪

中生代的第二个时期，从2亿年前到1.45亿年前。在侏罗纪，鸟类和有花植物开始进化，恐龙在这一时期繁荣。

K-T Boundary K-T边界

白垩纪和第三纪的交汇，大约在6500万年前。是恐龙大量灭绝的时间。

Laurasia 劳亚古大陆

侏罗纪盘古大陆断裂后形成的北超级大陆。包括现在的北美洲、欧洲、亚洲、格陵兰岛和冰岛。

Mammals 哺乳动物

用乳汁养育后代的具有毛发的温血动物。哺乳动物在三叠纪进化。人类是哺乳动物。

Mesozoic Era 中生代

一个重要的地质时间跨度，从2.5亿年前至6500万年前。被广泛认为是恐龙时期。中生代下分为三叠纪、侏罗纪和白垩纪。

Ornithischians 鸟臀目（"鸟一样的髋骨"）

具有与鸟类相似髋骨结构的恐龙。每侧较低的两块骨头平行排列并向后伸展。它们都是食草动物。

Ornithopods 鸟脚类

大部分两足鸟臀目恐龙，发展有特殊的牙齿用于碾碎粗糙的植物。

Paleonotologist 古生物学家

研究以前地质时代存在的生命的科学家。他们主要通过化石进行研究。

Pangaea 盘古大陆

由所有地球上大陆组成的超级大陆。存在于二叠纪到侏罗纪，在侏罗纪开始断裂，形成冈瓦纳古大陆和劳亚古大陆。

Prosauropods 原蜥脚类

植食性蜥臀目恐龙。具有长颈和指爪。

Quadruped 四足动物

用四条腿行走的动物。大多数有角的、有骨板的和甲的恐龙都属此类。

Reptile 爬行动物

具有鳞、呼吸空气，通常以产卵繁殖的动物群体。

Saurlschlans 蜥臀目（"蜥蜴样髋骨"）

鸟类的祖先。这些恐龙具有与蜥蜴相似的髋骨结构——每侧较低的两块骨头指向相反方向。

Sauropods 蜥脚类

大型、四足、植食性蜥臀目恐龙。具有长颈和长尾。

Scavenger 食腐动物

摄食非它们自身猎杀的死亡动物的动物。鬣狗是现代食腐动物。

Stratigraphy 地层学方法

通过观察化石埋藏的深度来进行化石年龄鉴定的一种方法。通常，更深层的岩石和化石要比那些它们上面的年代久远一些。

Theropods 兽脚类

一群蜥臀目恐龙，包括所有的食肉恐龙。几乎所有的兽脚类恐龙都是两足动物。

Trackways 行迹

一只动物走过后，柔软地面留下的一系列足迹。它们能够说明动物的速度、体重和群居行为。

Triassic Period 三叠纪

中生代的第一个时期，从2.5亿年前至2亿年前。恐龙和哺乳动物在三叠纪进化。

致谢

Dorling Kindersley would like to thank Selina Wood for editorial assistance; Alyson Lacewing for proof-reading; Ann Barrett for the index; Jenny Siklos for Americanization; and Tony Cutting for DTP support.

Picture Credits

The publisher would like to thank the following for their kind permission to reproduce their photographs:

Abbreviations key:

t-top, b-bottom, r-right, l-left, c-centre, a-above, f-far

1 DK Images: Jonathan Hateley. 7 DK Images: Royal Tyrrell Museum, Canada br. 8–9 DK Images: Jonathan Hateley. 9 DK Images: Natural History Museum cr; State Museum of Nature cr. 10 Corbis: Macduff Everton bl. 11 Corbis: Paul Funston; Gallo Images br. The Natural History Museum, London: tr.

12 DK Images: Natural History Museum tr. 13 DK Images: Natural History Museum c, bc. 13 N.H.P.A.: Joe Blossom cr. 15 Corbis: Galen Rowell br; Scott T. Smith t. Natural History Museum Basel: tr, bl. 16–17 DK Images: Bedrock Studios bc; Frank Denota c. 17 DK Images: Bedrock Studios tl, b; Natural History Museum tr. 18 Corbis: Charles Mamzy cfl; Gordon Whitten cl. DK Images: Bedrock Studios bcl; Jon Hughes br; Peter Winfield tl, tr. Science Photo Library: Ron Watts cfr. 19 Corbis: cb; Brenda Tharp bcr; Darrell Gulin tr; tl. DK Images: Jon Hughes bl, bc; Peter Winfield cr; Royal Tyrell Museum, Canada bc. 20 Corbis: David Pu'u cb. Katz/FSP: Eisermann/Life cr. The Natural History Museum, London: cra. Science Photo Library: Soames Summerhays bl. 20–21 Kobal Collection: Dreamworks/Paramount c. 21 Science Photo Library: Catherine Pouedras/Eurelios cbr; Geological Survey, Canada cr; Prof Walter Alvarez br. 24 The Natural History Museum, London: cl, crb. Science Photo Library: cr; George Barnard bc. 24–25 Institut Royal des Sciences Naturalles de Belgique: background. 25 American Museum Of Natural History: br. DK Images: Senekenberg Nature Museum bl. Mary Evans Picture Library: cl. Institut Royal des Sciences Naturalles de Belgique: tr, cra, cr. 26 Corbis: David Muench tl; James L. Amos ca; Philippe Eranian bl; Reuters/Carlos Barria cb. 27 Corbis: Bettmann ca; Dutheil Didier tr. Science Photo Library: Peter Menzel cb, br. Knight Rider/Tribune Media Services: William Hammer bl. 28 Judith River Dinosaur Institute: Judith River Dinosaur Institute c, crb, b, t. 28–29 Judith River Dinosaur Institute: Judith River Dinosaur Institute. 29 Homer Montgomery, National Park Services, US Department of the Interior: Homer

Montgomery, National Park Services, US Department of the Interior r. Judith River Dinosaur Institute: Judith River Dinosaur Institute c, bl. 31 Judith River Dinosaur Institute: Judith River Dinosaur Institute tr. Science Photo Library: Paul Fisher/North Carolina Museum of Natural Sciences/SPL br. 32 DK Images: Dinosaur State Park cl. The Natural History Museum, London: cl. 33 Museum of the Rockies: tl, car. Science Photo Library: Nieves Lopez/Eurelios cbl. 34 Corbis: Tom Bean l. 36 The Field Museum: The Field Museum tl, tr, bl, br. 36–37 The Field Museum: The Field Museum 37 The Field Museum: The Field Museum t; The Field Museum, courtesy Chris Brochu c, b. 38–39 Corbis: David Muench b; Kevin Schafer t; Tom Bean c. 39 Earth Sciences, University of Cambridge: Dr. James Hobro/Cambridge Earth Sciences, courtesy of Dr. James Miller cl. Science Photo Library: Geoff Tompkinson b. 43 DK Images: Royal Tyrrell Museum, Canada br. 45 DK Images: Natural History Museum tl; Senekenberg Nature Museum cr. 50–51 Science Photo Library: Smithsonian Museum t. 51 Copyright Peabody Museum of Natural History Yale University All Rights Reserved t. 53 DK Images: Graham High and Centaur Studios tl. 55 The Natural History Museum, London: cl. 56 Corbis: Michael S. Yamashita bl. DK Images: Peabody Museum of Natural History Yale University bc; Photo: Colin Keates cr. N.H.P.A.: Jonathan & Angela Scott br. Oxford Scientific Films: Highlights For Children tr. 57 Corbis: George H. H. Huey tr. DK Images: Jon Hughes t. Science Photo Library: Simon Fraser ca, b. 58 Corbis: Frank Trapper bl. 58–59 Natural Visions: Richard Coombers background. 61 Oxford Scientific Films: Matthias Brieter bl. 63 Corbis: Craig Aurness

background. The Natural History Museum, London: br. Jean Paul Ferrero bc. 64 DK Images: Jerry Young crb. N.H.P.A.: Martin Wendler bl. 64–65 Ardea.com: Francois Gohier; 65 DK Images: Philip Dowell cra. 66 The Field Museum: tr. 68 Prof. Anusuya Chinsamy-Turan: tl, tc, c. 70–71 Nakasato Museum: Sato Kazuhisa/Nakasato Museum, Japan. 73 FLPA: tr. 74 The Field Museum: The Field Museum, Chicago tl, bl. 74–75 Corbis: Charles Mauzy. 75 Corbis: Jonathan Blair t; Yann Arthus-Bertrand b. 76 Ardea.com: Francois Gohier bl. 76–77 Corbis: Theo Allofs t background. Oxford Scientific Films: Mark Deeble & Victoria Stone c. 77 Corbis: Brian A. Vikander br. Science Photo Library: Larry Miller bl; Roine Magnusson bl. 78 DK Images: Gary Kevin t; Ray Moller bl. 79 American Museum Of Natural History: tr, tl. DK Images: Peter Winfield bl; Senekenberg Nature Museum: Andy Crawford br. 80–81 © Luis Rey. 81 Corbis: t. 82 Corbis: Bill Varie bl. Science Photo Library: Philippe Plailly/Eurelios cl, clb. Smithsonian Institution: cla; National Museum of Natural History/Chip Clark tl. 82–83 Corbis: Paul A. Souders. 83 Corbis: Jonathan Blair b.

Jacket images:

Front: Getty Images: Riser / Jonathan Nourok. **Back:** Corbis: Richard T. Nowitz c. DK Images: Jon Hughes / Bedrock Studios cr. **Spine:** Science Photo Library: Peter Menzel / Dinamation.

All other images © Dorling Kindersley. For further information see: **www.dkimages.com**